Leben, lieben, lachen – endlich weiß ich wie!

Christa Saitz

Leben, lieben, lachen – endlich weiß ich wie!

Bibliografische Information der Deutschen Nationalbibliothek:
Die Deutsche Nationalbibliothek verzeichnet diese Publikation in der Deutschen Nationalbibliografie; detaillierte bibliografische Daten sind im Internet über http://dnb.dnb.de abrufbar.

Kontakt zur Autorin: Christa Saitz
Dipl. Mentaltrainerin/Buchautorin
+43 699 12163589
christa.saitz@gmx.at
www.christa.saitz.at
facebook: Spiegelgesetz – Expertin Christa Saitz
(https://www.facebook.com/christa.saitz)

Texte: Christa Saitz
Lektorat: Conny Sellner
Cover, Umschlag & Illustrationen: Daniela Binder
Buchsatz: Paulina Trautwein
Herstellung und Verlag: BoD – Books on Demand, Norderstedt
ISBN: 978-3-7557-3497-0

Die Autorin

Ich, Christa Saitz, wurde 1944 in Gmünd im Waldviertel geboren und lebe in Wien. Ich bin verwitwet, habe zwei Söhne und zwei Enkelkinder. Seit vielen Jahren vermittle ich mein Wissen erfolgreich als Mentaltrainerin und als Expertin für das Spiegelgesetz und habe vielen Frauen geholfen, ihr Leben selbstbestimmt in die Hand zu nehmen und, unabhängig vom Alter, voller Lebensfreude und Schwung zu genießen. Meine Lebenserfahrung und meine optimistische Lebenseinstellung befähigen mich dazu. Ich gebe mein Wissen in Workshops, Tagesseminaren, Einzelgesprächen und auch online weiter und habe bisher vier Bücher geschrieben.

Ich bin über 70 Jahre alt, noch immer aktiv, neugierig und wissbegierig, bilde mich weiter und höre nie auf zu lernen. Ich liebe das Leben und sehe es als Abenteuer und Spiel, bei denen wir selbst Regie führen.

Das war nicht immer so! Aus einer Frau, die sich selbst nicht akzeptieren konnte, die ständig etwas an sich auszusetzen hatte, die sich nie gut genug fand, ist eine Frau geworden, die selbstbewusst und authentisch ist, sich mit allen Ecken und Kanten mag und „Ja" zu sich und dem Leben sagt.

Inhaltsverzeichnis

EINLADUNG ZU MEHR LEBENSFREUDE 9

ES REICHT!
    Dein Start in ein neues Leben 12

„JETZT BIN ICH DRAN"
    Wie du deine Bedürfnisse in den Fokus rückst 24

VOM PECHVOGEL ZUM GLÜCKSKIND
    Mit der Kraft der Gedanken 34

SCHLUSS MIT SELBSTSABOTAGE!
    Schließe Freundschaft mit dir selbst 54

DAS SPIEGELGESETZ.
    Ein Blick in den Spiegel verändert dein Leben 72

DIE INNERE SCHATZSUCHE 85

NIMM DAS LENKRAD SELBST IN DIE HAND! 92

ALLES IM GLEICHGEWICHT?
    Fühl dich wohl in deinem Körper 100

WERTE – DAS FUNDAMENT DEINES LEBENS 118

MUT TUT GUT:
    Entdecke die Pippi Langstrumpf in dir! 128

AUF ZUR INNEREN SCHATZSUCHE:
    Finde und nutze deine Talente 146

WIE AUS DEINEN TRÄUMEN ZIELE WERDEN 152

MACH AUS DER KRISE EINE CHANCE! 166

VERGEBUNG IST DER SCHLÜSSEL ZUM GLÜCK 175

SAFARI DES LEBENS –
   Wie ich mich selbst auf meinen Reisen fand 186

ES LIEGT NUR AN DIR, GLÜCKLICH ZU SEIN.. 197

LIEBE DICH SELBST UND DAS LEBEN LIEBT DICH.. 207

WORAUF NOCH WARTEN? DEIN LEBEN IST JETZT!.. 218

„ICH TRÄUME NICHT MEHR VON DER LIEBE -
   ich lebe sie!"... 225

DANKSAGUNG 228

LITERATURVERZEICHNIS... 230

Alle Übungen auf einen Blick

Was sind die Plus- und Minuspunkte in deinem Leben? 15
Finde heraus, was du wirklich willst 26
Dein Visionboard für dein Leben 32
Wie du lernst, achtsamer mit deinen Gedanken umzugehen .. 42
Wie sich Gedanken auf unseren Körper auswirken 46
Finde heraus, was du wirklich denkst 56
Was willst du und was sollst du? 59
Wie gehst du mit dir selber um? 62
Entlarve äußere Saboteure in deinem Umfeld 66
Wie du deine positiven Seiten erkennst................... 69
Worauf hast du keinen Bock mehr? 78
Komm dir und deinem Hunger auf die Schliche 102
Wie du die Hitliste deiner Werte herausfindest 122
Ein stärkender Blick in deine Vergangenheit 134
Was schätzt du an deinem Vorbild? 144
So findest du deinen inneren Schatz 146
Welche Talente stecken in dir? 148
Drei bewundernswerte Menschen 150
Entdecke deine kühnsten Träume 157
Was dich bei Krisen unterstützen kann 171
Wie du anderen vergeben kannst 181
Warum bist du heute glücklich? 198
Bringe das Glück in dir zum Leuchten 204
Die fünf wichtigsten Menschen in deinem Leben 211

Einladung zu mehr Lebensfreude

Hey, liebe/r Leser*in! Herzlich willkommen!

Ich bin Christa Saitz, Expertin für das Spiegelgesetz, Mentaltrainerin und mehrfache Buchautorin. Seit 20 Jahren begleite ich Frauen dabei, ihr Leben selbstbestimmt und selbstsicher in die Hand zu nehmen und dieses mit Freude und Schwung zu genießen.

Ich selbst bin schon 77 Jahre alt. 77, ja wirklich! Du hast dich nicht verlesen. Worüber ich hier schreibe – alle Höhen und Tiefen – habe ich selbst erlebt und erprobt. Deshalb weiß ich, dass es für jede(n) möglich ist, mehr Lebenslust, Pep, Energie und Abenteuer zu verspüren. Heute fühle ich mich beinahe wie 50 und bin ein sogenanntes „Role Model" für viele, die ihrem Leben, unabhängig vom Alter, mehr Schwung und Lebensfreude verleihen wollen. In diesem Buch möchte ich dir davon erzählen, wie du Schönheit, Buntheit und Fülle in dein Leben holst und aus dem Alltagstrott aussteigst. Ich will dich ein bisschen anstiften, dein Leben erfolgreich und erfüllt nach deinen Vorstellungen zu gestalten. Und zwar ganz ohne die üblichen Ausreden wie „Das geht nicht" oder „Das mache ich später." Denn JETZT ist deine Zeit, zu leben, mutig und verwegen zu sein und aus dem Vollen zu schöpfen!

Das Steuer deines Lebens gehört einzig und allein in deine Hände – egal, ob du nun 20, 30 oder 60 Jahre alt bist. Dein Potenzial wartet darauf, von dir ausgeschöpft und verwirklicht zu werden.

Ich kann dir verraten, dass es natürlich nicht immer einfach ist, diesen Weg einzuschlagen. Aber ich verspreche dir auch: Es ist ein großer Spaß und ein tolles Abenteuer! Ich weiß das, denn ich erlebe es seit vielen Jahren. Ich bin noch immer beruflich aktiv, weil mir mein Beruf so viel Freude macht. Ich bin neugierig und wissbegierig, bilde mich weiter und hör nie auf zu lernen. Willst du wissen, was ich mit 75 Jahren noch gemacht habe? Ich habe mein Business auf Online umgestellt. Ich war oft verzweifelt (Stichwort „Technik"), aber am Ende war es genial. Auch hier habe ich meinem Grundsatz vertraut: Was kann schon schiefgehen, wenn du das Leben liebst und es als Abenteuer und Spiel siehst, bei denen du selbst Regie führst?

Aber auch, wenn das jetzt so klingt: Ich war nicht immer so mutig und selbstbestimmt. Aus einer Frau und Mutter, die sich nicht akzeptieren konnte, ständig selbst kritisierte, nie gut genug fand und andauernd etwas an sich auszusetzen hatte, ist eine Frau geworden, die selbstbewusst ist, sich und ihre Stärken kennt, aber auch zu ihren Schwächen, Ecken und Kanten steht. Eine Frau, die sich mag und die „Ja" zu sich selbst und zu ihrem Leben sagt.
Die Veränderung hat Schritt für Schritt stattgefunden, und ich habe dabei Höhen und Tiefen durchlebt. Rückblickend habe ich erkannt, dass ich gerade in Krisen am meisten gelernt habe und an ihnen gewachsen bin. Wenn du mich fragst, was zu einem erfüllten Leben gehört, werde ich dir stets antworten: „Hör nie auf, deinen Träumen zu folgen, seien sie noch so verrückt und utopisch. Und beginne damit, sie Schritt für Schritt zu verwirklichen, jedoch nicht verbissen, sondern mit Leichtigkeit und einem Lachen auf deinem Gesicht. Ein erfülltes Leben hat mit Fülle und Vielfalt zu tun, mit Lebensfreude, Schwung, Dynamik, Energie, Mut und Leidenschaft. Wenn ein Mensch mit dieser Einstellung lebt, strahlt er diese auch aus. Das hält jung – völlig unabhängig vom Lebensalter. Sieh mich an!

Pflücke den Tag!

Wann hast du zuletzt von ganzem Herzen gelacht, getanzt und geliebt?
Im Augenblick zu leben, 100-prozentig präsent zu sein, immer wieder aufzustehen und weiterzugehen, Lust daran zu empfinden, sich ständig neu zu entdecken und zu erfinden. Das ist mein Geheimnis beim Älterwerden und Jungbleiben.
Jung zu bleiben, bedeutet für mich, offen und bereit für Neues zu sein, auch einmal gegen den Strom zu schwimmen, sich Ecken und Kanten zu erlauben, neugierig, locker und unternehmungslustig zu sein, Abenteuer zu wagen, zu reisen, gern zu feiern, zu tanzen, zu singen und vor allem zu lieben. Denn die Liebe ist das Wichtigste im Leben.

Darüber schreibe ich in diesem Buch und zeige dir viele Übungen und Beispiele aus meinem reichhaltigen Fundus, mit denen du all das auch in deinem Leben umsetzen kannst.
Dich zu mehr Lebensfreude anstiften – ja, das tue ich von Herzen gern!

Kommst du mit?
Deine Christa Saitz

Es reicht!
Dein Start in ein neues Leben

Jeder Mensch leidet manchmal unter unglücklichen Beziehungen, gerät in schwierige Situationen, hat Probleme im Job oder mit dem Geld, ist manchmal krank und liegt mit seinem Aussehen oder seinem Gewicht im Clinch. Kennst du das auch?

Vieles, mit dem wir unzufrieden und unglücklich sind, nehmen wir lange als normal und gottgegeben an. So ist das halt! Das Leben ist nun einmal kein Honigschlecken! Und eigentlich geht es uns doch gut – besser als vielen anderen.

Obwohl wir uns schon lange nicht mehr wohlfühlen, bleiben wir in unbefriedigenden Lebenssituationen verhaftet. Der Job, der Partner, die Kinder, die Eltern rauben uns zwar Energie und oft den letzten Nerv. Doch wir bleiben und ändern lange nichts.

Spätestens um die Lebensmitte, mit 40 oder 50 Jahren, regt sich in vielen Frauen eine gewisse Unzufriedenheit mit dem eigenen Leben. Es fängt mit einer inneren Leere und Antriebslosigkeit an. Bald folgt Gereiztheit und Lustlosigkeit, nichts macht mehr richtig Freude und Spaß. Obwohl wir merken, es passt nicht mehr, es zwickt und zwackt da und dort und ist irgendwie zu eng geworden, hält uns irgendetwas zurück. Wir jammern und klagen, doch wir ändern nichts!

Aussichtslosigkeit, Mutlosigkeit und Resignation machen sich in uns breit. Und die Sehnsucht, nochmals neu beginnen zu können, sowie der Wunsch, alles anders zu machen.

Bis uns eines Tages endlich der Kragen platzt. „Es reicht! Keinen Tag länger! Mit mir nicht!"

Bravo! Herzlichen Glückwunsch! Höchste Zeit!

Aus meinen Gesprächen mit Klient*innen weiß ich, dass viele erst bereit sind, etwas zu ändern, wenn der Leidensdruck sehr groß geworden ist. Oft zwingt uns auch eine Krankheit, ein Unfall oder ein Schicksalsschlag dazu, unser Leben zu überdenken und notwendige Veränderungen durchzuführen.

Hier ein Beispiel aus meiner Praxis, das dir zeigen soll, was ich meine:

Alexandra ist 38 Jahre alt. Sie ist verheiratet und hat zwei Söhne im Alter von zehn und zwölf Jahren. Sie arbeitet als Teilzeitkraft in einem Möbelhaus, um Zeit für ihre Kinder und den Haushalt zu haben. Ihr Mann ist Filialleiter in einer Bank. Sie wohnen in einem hübschen Einfamilienhaus am Stadtrand. Eigentlich könnte Alexandra glücklich und zufrieden sein, ist sie aber nicht.

Im Gespräch in meiner Praxis klagt sie: Alles bleibt an mir hängen. Ich zerspragle mich im Job, habe oft Troubles wegen der Schule mit den Kindern, der Haushalt, der Garten, alles lastet auf mir. Mein Mann beteiligt sich kaum, weder im Haushalt noch bei der Kindererziehung unterstützt er mich. Am Abend ist er müde und will seine Ruhe haben. Wenn ich mit ihm über Schulprobleme sprechen will, blockt er ab und sagt: „Du machst das schon." Doch spätestens, wenn schlechte Noten und ein Nichtgenügend nach dem anderen ins Haus flattern, dann bin ich an allem schuld, denn ich habe ja Zeit und sollte mich darum kümmern, dass die Kinder ordentlich lernen. Ich fühle mich so allein gelassen. So hab ich mir das nicht vorgestellt. Auch im Bett klappt es nicht so wie früher. Ich hab manchmal den Eindruck, er liebt mich nicht mehr. Ach, mir ist das alles zu viel. Mir reicht´s!"

Ich könnte hier viele ähnliche Gespräche mit Frauen der verschiedensten Altersstufen anführen. Wie zum Beispiel jenes mit Susanne.

Susanne ist 58 Jahre alt und Filialleiterin in einer großen Bank. Sie war nie verheiratet, ist Single und hat keine Kinder. Sie hat immer viel geleistet, ist sehr tüchtig und hat Karriere gemacht. In den letzten Jahren machten ihr jedoch einschneidende Umstrukturierungen im Bankwesen sehr zu schaffen und sie hat die Freude an ihrem Beruf fast verloren. Oft war sie am Ende ihrer Kräfte und konnte auch am Wochenende gar nicht mehr richtig abschalten, speziell als ihre alte Mutter krank und dement wurde, und sie sich rührend um sie gekümmert hat. Für Freunde und Hobbys hatte Susanne kaum Zeit. Sie hat zu viel gearbeitet, viel Verantwortung auf ihren Schultern getragen, zu wenig Zeit für sich selbst und ihre Freizeit gehabt.

„Das kann doch nicht alles gewesen sein!", sagt sie sich. Mit Bedauern stellt sie fest, dass sie so vieles im Leben versäumt hat. Sie fürchtet sich sogar davor, in Pension zu gehen, weil sie Angst hat, dann in ein tiefes Loch zu fallen. „Was soll ich denn dann bloß mit meiner Zeit anfangen?", fragt sie sich. Schmerzlich ist ihr bewusst geworden, dass sie sich nie Zeit für Erholung und Hobbys genommen und nie eigene Interessen entwickelt hat. Ihre Bedürfnisse und Wünsche, ihre Sehnsüchte und Träume hat sie zeitlebens ignoriert und vernachlässigt.
Am liebsten möchte sie das Rad der Zeit zurückdrehen, dann würde sie vieles anders machen. „Nun bin ich allein und zu alt", denkt sich Susanne. Gerne möchte sie mehr Schwung und Lebensfreude in ihren Alltag bringen. „Doch dafür ist es nun zu spät. Mehr als zwei Drittel meines Lebens sind ja schon vorbei!"

Kennst du diese Gedanken? Geht es dir ähnlich?

 **Übung: Was sind die Plus- und Minuspunkte in deinem Leben?**

Ich lade dich dazu ein, eine Bestandsaufnahme über die Ist-Situation deines Lebens zu machen. Nimm dir dafür genügend Zeit. Du machst es für dich, um dir über vieles klar zu werden. Bereite dir eine Tasse deines Lieblingstees zu, nimm dein Notizbuch zur Hand und deinen schönsten Kugelschreiber, zünde dir eine Kerze an und hör dir zur Einstimmung eine sanfte Entspannungsmusik an. Setz dich an deinen Lieblingsplatz und sorge dafür, dass du in der nächsten Stunde nicht gestört wirst. Nimm zuerst ein paar tiefe Atemzüge. Atme in deinem eigenen Rhythmus tief ein und aus, bis du zur Ruhe gekommen bist.
Nun betrachte dein Leben einmal aufmerksam und mache eine Bestandsaufnahme. Teile einige Seiten deines Notizbuches in der Mitte mit einem Längsstrich in zwei Hälften. Über die linke Hälfte machst du ein Plus- und über die rechte Hälfte ein Minuszeichen.

Bestandsliste zum Lebensbereich/Thema:			
Kürzel:	Welche Pluspunkte gibt es in meinem Leben?	Kürzel:	Welche Minuspunkte gibt es in meinem Leben?

Schritt 1:
Nun schreibe auf der linken Hälfte die Pluspunkte und auf der rechten Seite die Minuspunkte auf.

Frage dich dabei ganz bewusst:
Welche Plus- und Minuspunkte gibt es zurzeit in meinem Leben?

Bei den Pluspunkten kannst du dich beispielsweise fragen:
Was ist gut in meinem Leben?
Wofür bin ich dankbar?
Was bringt Glück, Freude und Zufriedenheit in mein Leben?
Was erlebe ich als angenehm und schön?
Was will ich nicht verlieren?
Was gibt mir Kraft und Stärke?

Und bei den Minuspunkten kannst du dir zusätzlich die folgenden Fragen stellen:
Was ist nicht so schön in meinem Leben?
Welche Probleme sollte ich dringend lösen?
Was muss sich ändern?
Was erlebe ich als unangenehm und schmerzlich?
Was kostet mich zu viel Kraft?
Was will ich nicht mehr?

Es hilft dir, wenn du beim Beantworten der Fragen deinen Blick gesondert auf deine verschiedenen Lebensbereiche lenkst.

Für die Übung sind verschiedene Lebensbereiche denkbar:
- Deine Familie und deine Freunde
- Dein Berufsleben
- Deine Finanzen
- Dein gesellschaftliches Leben in Gemeinde, Dorf, Politik, Verein usw.

- Dein Hobby
- Dein Gefühlsleben und dein Verhältnis zu dir selbst
- Dein körperlicher Zustand (Gewicht, Figur, Fitness, Krankheit)
- Dein spirituelles Leben, deine Beziehung zu einer höheren Kraft

Damit die Übung wirklich funktioniert, solltest du dir mit dem Beantworten Zeit lassen. Beantworte sowohl die Fragen zu den Pluspunkten als auch jene zu den Minuspunkten in jeweils 30 Minuten.

Zuerst kommen einem meist nur die offensichtlichen Antworten in den Sinn. Frage dich deshalb mehrmals und höre dabei tief in dich hinein. So erhältst du nach einer Weile Antworten, die dir in dieser Klarheit vielleicht noch nicht bewusst waren.

Eine Anmerkung zu dieser Übung. Bitte sei gerade bei den Minuspunkten ehrlich mit dir selbst und lass keine Punkte aus. Manch eine(r) traut sich nicht, einen Minuspunkt aufzuschreiben, weil er dann sozusagen „amtlich" wird. Das macht Angst, was ganz normal und verständlich ist. Aber die negativen Punkte sind nicht weniger „amtlich", wenn wir sie nicht aufschreiben. Sie sind da und brodeln unter der Oberfläche und können so oft mehr Schaden anrichten, als wenn wir der Wahrheit mutig und entschlossen ins Auge blicken. Ich ermutige dich deshalb noch einmal, wirklich ehrlich zu dir zu sein und alle Punkte aufzuschreiben, die du als schmerzlich, unangenehm und problematisch empfindest. Wer einmal damit angefangen hat, ehrlich zu sich selbst zu sein, wird schnell merken, dass in der Ehrlichkeit zu sich selbst seine wahre Freiheit liegt.

Es geht nicht darum, dass du alle Punkte sofort änderst! Entscheidend ist nur, dass du hinschaust, was in deinem Leben wirklich los ist.

Schritt 2:
Nun sieh dir deine Plus- und deine Minuspunkte genauer an. Im zweiten Schritt der Übung nimmst du dir deine Plus-Minus-Liste vor und markierst jeden Punkt mit verschiedenen Kürzeln. Manche der Kürzel machen vor allem für die Minuspunkte Sinn, manche eher für die Pluspunkte.
Du hast folgende Kürzel zur Verfügung:

ME	Mehr: Davon will ich noch mehr, diesen Pluspunkt will ich stärken.
GE	Genießen: Diesen Pluspunkt will ich so nicht mehr als selbstverständlich nehmen und ihn mehr genießen und würdigen.
BL	Bleiben: Das soll so bleiben, wie es ist.
AK	Akzeptieren: Das will ich akzeptieren lernen.
ÄN	Ändern: Das will ich ändern.
SP	Später: Das will ich ändern, aber nicht sofort, sondern später.
NA	Nachdenken: Darüber will ich nachdenken.

Mit diesem Schritt triffst du klare Entscheidungen, wie du mit den einzelnen Plus- und Minuspunkten in deinem Leben umgehen willst.
Damit erreichst du Folgendes:
- Du schaust, was in deinem Leben los ist.
- Du triffst die Entscheidung, etwas zu ändern.
- Du änderst, was du ändern möchtest.

Ein wichtiger Tipp: Nimm dir nicht vor, alle Punkte auf deiner Liste auf einmal zu ändern! Fang mit einem oder zwei Punkten an. Eine der häufigsten Ursachen, warum wir ein Vorhaben wieder aufgeben, ist, dass wir uns selbst überfordern und uns zu viel auf einmal vornehmen. Besser ist es, kleine Schritte zu machen und sich nur jeweils einem Thema zu widmen.
(vgl.: Ralf Senftleben, der „Zeit-zu-leben"-Coach)

Die wesentlichen Fragen, die sich aus dieser Übung ergeben, sind: Was kann bleiben? Was kannst du ändern? Und von wem oder was solltest du dich trennen?

Love it, change it or leave it!

Was stand bisher im Fokus deines Lebens?
Sind es auch bei dir die Familie, Kinder, Partner oder Eltern? Dann der Beruf, die Leistung, Karriere und meist an letzter Stelle du selbst. Kommt dir das bekannt vor?

Darauf sind viele Menschen fixiert.

Warum eigentlich? Weil es sich so gehört. Weil es immer schon so gewesen ist. Weil es nun einmal die Aufgabe und die Pflicht einer Mutter ist, sich um die Familie und die Kinder zu kümmern.

Ich war lange davon überzeugt, dass es so ist. Ich habe jung geheiratet, bald wurden meine beiden Söhne geboren und damals war es für eine Frau selbstverständlich, den Beruf aufzugeben und in erster Linie Ehefrau und Mutter zu sein. Heute ist das zum Glück anders. Viele Frauen haben eine gute Ausbildung, oft ein Studium und kehren nach der Geburt der Kinder wieder ins Berufsleben zurück. Väter beteiligen sich mehr an der Erziehung der Kinder und sogar im Haushalt. Welch ein kolossaler Unterschied zu früher! Mein Mann unterstützte mich kaum bei der Kindererziehung und im Haushalt. Es gibt heutzutage viele alleinerziehende Mütter, die Beruf und Kindererziehung unter einen Hut bringen. Dennoch besteht bei den meisten Frauen nach wie vor ein starkes Ungleichgewicht zwischen dem, was sie wollen, und wie die Realität aussieht.

Stell dir eine Waage mit zwei Waagschalen vor. Auf der einen Waagschale stehen die anderen (Partner, Kinder, Eltern, Chef, Kollegen, etc.) und auf der anderen stehst du.

Was fällt dir auf, wenn du deine Waage betrachtest? Sind beide Waagschalen im Gleichgewicht oder besteht ein Ungleichgewicht? Welche Waagschale wiegt schwerer? Meist ist es so, dass die anderen mehr Gewicht haben und wichtiger sind als du. Ist das auch bei dir der Fall?

Obwohl ich meine Familie sehr liebte und liebe, fühlte ich mich von Pflichten und der Verantwortung oft erdrückt. Sorgen und Ängste um das Wohlergehen meiner Familie ließen mir wenig Zeit für mich selbst, und das, was ich gern gemacht hätte, blieb meist auf der Strecke. Mich mit Freundinnen und Freunden zu treffen, einmal ausgelassen zu sein und so richtig auf den Putz zu hauen – dazu fehlte mir einfach die Zeit. Die Folge: Ich unterdrückte meine Unzufriedenheit und meinen Frust mit Essen und nahm an Gewicht zu. Das merkte ich lange Zeit jedoch kaum.
Bis ich irgendwann bei meiner Schwägerin heimlich auf die Waage stieg (ich selbst hatte damals noch keine). Da traf mich fast der Schlag! Die Waage zeigte mehr als 90 Kilo an. Da wusste ich, so konnte es nicht weitergehen.

Ich beschloss, mein Gewicht in Ordnung zu bringen und landete nach einigen mehr oder weniger erfolglosen Selbstversuchen in einem Kurs einer internationalen Organisation, die sich zur Aufgabe gesetzt hatte, Menschen durch erstklassiges Knowhow und eine Gruppentherapie beim Abnehmen zu unterstützen. In sieben Monaten nahm ich auf diese Weise 20 Kilo ab, war rank und schlank und sah gut aus. Zum ersten Mal in meinem Leben gefiel ich mir selbst. Man bot mir sogar eine Mitarbeit als Kursleiterin an. Diese Chance ergriff ich gerne, noch dazu, weil sich meine Arbeitszeit gut mit der Familie vereinbaren ließ. Dabei entdeckte ich Talente an mir, die bisher in mir geschlummert hatten: meine Kreativität, meine Redegabe, mein Talent, Wissen auf interessante Weise zu vermitteln, und mein Einfühlungsvermögen. Die Arbeit als Kursleiterin machte mir Freude und Spaß. Ich blühte richtig auf und entwickelte mich immer weiter. Ich wurde lebensfroher und selbstsicherer.

25 Jahre lang leitete ich Kurse zur Gewichtsabnahme, erwarb ein enormes Wissen über Ernährung, Bewegung und Essverhalten. Unzählige Frauen begleitete ich auf ihrem Weg zum Wunschgewicht. Dabei bemerkte ich, dass nur jene Frauen nicht wieder zunahmen, die auch andere Punkte in ihrem Leben umstellten und veränderten.

Das war mein Beispiel. Nun zu dir!
Angenommen, du bist mit der Rollenverteilung in deiner Partnerschaft unzufrieden und merkst, dass alles an dir hängenbleibt, dann hilft es nicht, dich darüber zu beschweren, sondern du musst etwas tun, damit sich die Situation verändert.
Wann immer du in deinem Leben feststellst, dass dir über einen langen Zeitraum etwas nicht passt, rate ich dir dazu, sofort etwas zu tun!

Warte nicht darauf, dass sich etwas von alleine ändert. Etwas zu ändern, ist DEIN Job!
Warte nicht auf den nächsten Urlaub.
Warte nicht, bis die Kinder mit der Schule fertig sind.
Warte nicht, bis die Schulden für das Haus oder das Auto abbezahlt sind.
Warte nicht, bis die Kinder erwachsen und ausgezogen sind.
Warte nicht, bis du in Pension gehst.
Warte nicht auf den richtigen Zeitpunkt, denn es wird nie den richtigen Zeitpunkt geben. Der richtige Zeitpunkt ist einzig und allein JETZT!
Dein Leben findet JETZT statt. Darum mach es JETZT!

Aus meiner Erfahrung rate ich dir zu einem klärenden Gespräch mit deinem Partner. Er hat vielleicht keine Ahnung, wie sehr du unter der bestehenden Situation leidest. Sprich mit ihm, ohne Verurteilungen auszusprechen oder ihm die Schuld zu geben. Das würde zu nichts führen und nichts ändern. Bedenke, dass jeder aus seiner eigenen Sichtweise immer recht hat. Auch für ihn hat sich vieles geändert, seit du „nur" Hausfrau und Mutter bist. Er leidet vielleicht darunter, dass für dich zuerst einmal die Kinder kommen und er mit viel Abstand quasi an letzter Stelle deiner Aufmerksamkeitsliste steht. Ich kenne das aus einigen Gesprächen mit Klient*innen: Männer fühlen sich dann oft vernachlässigt und nicht wertgeschätzt. Was sie beruflich leisten, wird als selbstverständlich angenommen. Wenn ihre Partnerinnen zuhause oft nur noch im „Schlabberlook" herumlaufen und sich nicht mehr, so wie am Anfang ihrer Liebesbeziehung, für sie chic machen, dann tut Männern das oft weh. Ich könnte viele Beispiele anführen, die ich diesbezüglich in Gesprächen mit Klientinnen gehört habe.

Wichtig ist es, das Thema in einem ruhigen Moment anzusprechen, wobei jeder eine gewisse Redezeit zur Verfügung hat, die ihm bzw. ihr allein zur Verfügung steht, und in der sie bzw. er nicht unterbrochen werden darf. So lernt jeder die Sichtweise des anderen kennen. Wenn alles in Ruhe besprochen wurde, gilt es, eine gemeinsame, befriedigende Lösung zu finden. Probleme unter den Teppich zu kehren, ist nie die richtige Lösung!

Du könntest dir auch mit dem Spiegelgesetz anschauen, was dir dein Partner mit seinem Verhalten spiegelt und zu erkennen gibt. Wenn du so unglücklich bist, weil dich Menschen in deiner Familie oder im Job mit ihrem Verhalten kränken und verletzen, verurteile und beschuldige sie nicht länger. Schau neugierig in den Spiegel und entschlüssle die Botschaft, die dahintersteckt. Dein

Visavis will dir nichts Böses, auch wenn es für dich so aussehen mag. Es ist ein „verkleideter" Engel, der dir geschickt worden ist, damit du entdecken kannst, welcher unbewusste Glaubenssatz dich behindert, und was aus der Vergangenheit in dir noch nicht geheilt ist. Die Anwendung des Spiegelgesetzes befreit dich und dein Spiegelbild und ist ein genialer und einfach anzuwendender Schlüssel zum Glücklichsein (Näheres dazu erfährst du im Kapitel "Das Spiegelgesetz").

„Jetzt bin ich dran!"
Wie du deine Bedürfnisse in den Fokus rückst

Vielleicht kennst du das auch: Von außen betrachtet führst du ein relativ sorgenfreies Leben, doch innerlich kochst du. Du bist oft unzufrieden, kannst aber nicht genau sagen, warum das so ist. Glaube mir, so wie dir geht es vielen Menschen und insbesondere Frauen. Ich kenne das auch aus eigener Erfahrung. Denn genau an dem Punkt stand ich vor vielen Jahren auch. Meine innere Unzufriedenheit machte mich aufmerksam darauf, dass etwas in meinem Leben nicht mehr passt, und ich hörte in mir den Ruf nach Veränderung.

Um dich aus dieser misslichen und belastenden Lage zu befreien, habe ich, angelehnt an Mathias Kirchner, einige Tipps für dich, die mir seinerzeit geholfen haben.

Vertraue auf dein Gefühl!

Hör einmal tief in dich hinein. Kommen dir folgende Gedanken bekannt vor?

„Mir geht es doch gut."

„Anderen geht es viel schlechter als mir, also darf ich mich nicht beschweren."

All das waren Sätze, die damals irgendwie auch für mich stimmten. Und auch wenn sie vielleicht auf dich und deine Situation zutreffen, bedeutet das nicht, dass du nicht unzufrieden mit deinem Leben sein dürftest. Im Gegenteil! Es gibt Bedürfnisse, die schwerer wiegen als die Befriedigung rein materieller Wünsche.

Mein Tipp an dich lautet daher:
Erlaube dir, diese Bedürfnisse wahrzunehmen!
Erlaube dir, absolut unzufrieden und am Boden zerstört zu sein!

Denn: Wenn deine inneren Bedürfnisse nicht erfüllt sind, kannst du gar nicht zufrieden sein. Das gilt auch dann, wenn du vielleicht noch gar nicht benennen kannst, um welche unerfüllten Bedürfnisse es sich handelt. Es reicht schon, wenn du spürst, dass du momentan einfach nicht zufrieden bist. Du kannst zwar benennen, was du nicht willst, aber bist noch nicht in der Lage, zu äußern, was du willst. Vielleicht fehlt dir einfach noch die Erfahrung, um ein "Ja, genau das will ich!" zu äußern.

Doch das ist kein Grund zum Verzweifeln, denn eines kann ich dir versprechen: Vorfreude und Begeisterung beginnen schon beim Pläneschmieden. Das ist ein Zeichen, dass du auf dem richtigen Weg bist. Diese innere Begeisterung und die innere Vorfreude. Immer, wenn du das spürst, dann bist du auf dem richtigen Weg. Also folge stets diesem Gefühl!
Aber was, wenn du dieses Gefühl noch nicht hast? Was müsstest du tun, damit sich genau dieses Gefühl einstellt?
(vgl.: Mathias Kirchner)

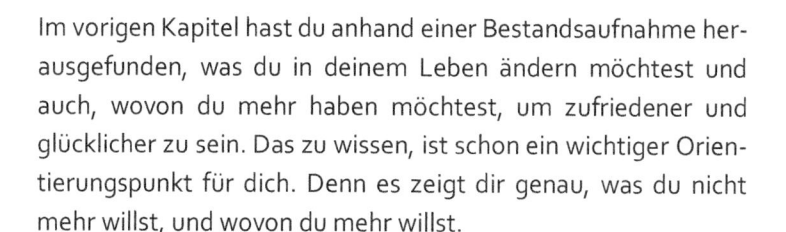

Im vorigen Kapitel hast du anhand einer Bestandsaufnahme herausgefunden, was du in deinem Leben ändern möchtest und auch, wovon du mehr haben möchtest, um zufriedener und glücklicher zu sein. Das zu wissen, ist schon ein wichtiger Orientierungspunkt für dich. Denn es zeigt dir genau, was du nicht mehr willst, und wovon du mehr willst.

Übung: Finde heraus, was du wirklich willst

Nimm dir dein Notizbuch wieder zur Hand und schau dir deine Aufzeichnungen nochmals an.
Was hast du dir mit „ME" = „Mehr davon" markiert? Und was mit „ÄN" = „Ändern"?
Nun gehen wir weiter.
1. Stelle einmal fest, was du nicht mehr willst.
2. Finde heraus, was du stattdessen willst.

Angenommen, du hast bei „Mehr davon" Folgendes notiert:
„Mehr Zeit für mich und mehr Spaß beim geselligen Beisammensein mit meinen Freundinnen"
und bei „Ändern":
„Nicht so viel Stress und Zeitdruck, nicht so viel Zeit vertrödeln, nicht ständig Ja-sagen zu anderen".

Dann weißt du schon genau, was du nicht willst.
Konzentriere dich nun auf das, was du willst:
Das könnte sein: „Ich will mehr Zeit für mich haben!"

Ich habe diese Übung vor über zehn Jahren gemacht. Meine zwei Wünsche/Hauptanliegen/Ziele damals waren:
1. Besser Autofahren lernen
2. Ein Buch schreiben

Mit Freude stelle ich fest: Ich habe es geschafft! Ich kann viel besser Autofahren, bin dadurch unabhängig und kann jederzeit hinfahren, wohin ich will. Ich habe zwei weitere Bücher geschrieben und schreibe gerade mit großem Vergnügen an einem neuen.

Doch manchmal gefällt uns im Leben vieles nicht und wir wollen vieles auf einmal ändern, wie meine Klientin Marianne:

Marianne ist verheiratet, hat zwei Kinder, wohnt in einem Haus mit Garten. Sie versorgt die Kinder, kocht, putzt, erledigt die Hausarbeit und die Gartenarbeit allein. Ihr Mann ist beruflich sehr beschäftigt und beteiligt sich weder an der Kindererziehung noch im gemeinsamen Haushalt. Am Abend ist er müde und will seine Ruhe haben. Marianne fühlt sich alleingelassen, ist gestresst und frustriert. In ihrer Beziehung kriselt es. Sie ist unglücklich und unzufrieden mit ihrem Leben.

Auf die Frage "Was willst du nicht mehr?" antwortete sie:

- *Ich will von meinem Partner/Mann nicht mehr so gleichgültig behandelt werden.*
- *Ich will finanziell nicht mehr von ihm abhängig sein.*
- *Ich will nicht allein die ganze Verantwortung für die Kinder tragen.*
- *Ich will nicht jedes Wochenende mit meinem Mann und den Kindern wandern gehen.*
- *Ich will nicht den Haushalt allein managen und alles selbst machen.*

„Was willst du stattdessen?"
- *Ich will, dass mein Mann wieder liebevoller und aufmerksam mir gegenüber ist.*
- *Ich will, dass ich mit ihm über alles sprechen kann, er mir zuhört und mich ernst nimmt.*
- *Ich will, dass er sich an der Erziehung der Kinder beteiligt.*
- *Ich will, dass eine Putzfrau das Haus in Ordnung hält und mich jemand bei der Gartenarbeit unterstützt.*

- Ich will Zeit haben, um mich mit Freundinnen treffen zu können.
- Ich will regelmäßig in ein Fitness-Studio zum Training gehen.

Ich bat Marianne daraufhin, zwei Ziele auszuwählen, auf die sie sich in der kommenden Zeit konzentrieren sollte. Step by step könnten die anderen Ziele folgen.

Marianne entschied sich für:
- Ich will, dass eine Putzfrau das Haus in Ordnung hält und mich jemand bei der Gartenarbeit unterstützt.
- Ich will Zeit haben, um mich mit Freundinnen treffen zu können.

Marianne sprach mit ihrem Mann in Ruhe über ihre Wünsche. Er hatte Verständnis für ihre Anliegen und war sofort einverstanden, dass sie sich eine Putzfrau suchten, die zweimal wöchentlich kam. Außerdem fand Marianne einen pensionierten Nachbarn, der sich um ihren Garten kümmerte und ihr die schwere Gartenarbeit abnahm. Dadurch fand sie Zeit, sich einen Tag oder einen Abend pro Woche mit ihren Freundinnen zu treffen und gemeinsam etwas zu unternehmen, während ihre Kinder bei ihrem Mann oder ihrer Mutter blieben.
Das verbesserte das Zusammenleben mit ihrem Mann enorm und auch das Verhältnis zu ihren Kindern wurde viel entspannter. Marianne hatte bei unserem Gespräch erkannt, dass SIE die Initiative ergreifen, für sich und ihre Anliegen eintreten und sie mutig ansprechen musste.
Die unbewussten Glaubenssätze, die sie daran hinderten, und mit denen sie verursachte, was in ihrem Leben passierte, entdeckten wir ebenfalls:

„Meine Familie ist immer wichtiger als ich."
„Ich bin für das Wohl meiner Familie allein verantwortlich."
„Eine gute Mutter denkt an sich selbst zuletzt."

Sie erkannte, dass sie diese Überzeugungen von ihrer Mutter übernommen und nie in Frage gestellt hatte und gab sie freudig auf.

Als neuen Kraftgedanken wählte sie:
„Mutig trete ich für mich und meine Anliegen ein."

Ich habe ähnliche Erfahrungen in meinem Leben gemacht und es hat lange gedauert, bis ich mit meinem Mann und anderen gesprochen habe, wenn mich etwas gestört hat. Ich habe meistens geschwiegen und war schlecht gelaunt, weil es in mir gebrodelt hat. Wenn es zu einem Wortwechsel kam, dann habe ich ihm oder anderen die Schuld gegeben.
Wir glauben oft, der/die andere(n) müsste(n) Gedanken lesen können und wissen, was uns stört bzw. worunter wir leiden. Das tun sie aber nicht! Den Mund aufzumachen und sachlich ohne Emotionen zu sagen, was Sache ist, ist unsere Aufgabe. Ich kann auch dich nur dazu ermutigen, darüber zu sprechen, wenn es dir so ergeht. Ich habe damit nur gute Erfahrungen gemacht.

So wirst du aktiv!

Wir können unser Leben zu jedem Zeitpunkt verändern. Dazu gilt es jedoch zuerst, unbewusste Glaubensmuster, die wir haben, und die uns daran hindern, uns weiterzuentwickeln, aufzulösen. Diese Muster haben ihren Ursprung meist in der Kindheit und wir tragen sie schon lange in uns und handeln danach. Ich lade dich nun zu einer wunderbaren Übung ein, die von Nadja Nollau („Go! Endlich neue Wege gehen") inspiriert ist und mir und meinen Klient*innen sehr geholfen hat. Dazu musst du einmal mehr ganz ehrlich zu dir und deinen Gefühlen sein, denn nur, wenn du sie zulässt, wie sie tatsächlich sind, kannst du damit verbundene Blockaden lösen.

Frage dich deshalb, wie es jetzt ist. Kennst du eines oder mehrere dieser Glaubensmuster von dir?

- Ich gefalle mir in der Opferrolle: Schau dir an, ob und wie das in Resonanz mit dir geht. In welchen Situationen redest du dich noch darauf hinaus, dass du ein Opfer bist? Ein Lösungsansatz für solch ein Denken ist: Ich übernehme Verantwortung für mein Leben und sage „Ja" zu meiner Power! Damit befreist du dich aus der Opferrolle und übernimmst die Regie für dein Leben.
- Ich lasse mich durch meine Schuldgefühle bremsen: Hier könnte eine Lösung sein, dass du dich selbst an die erste Stelle setzt und dich so von den Schuldgefühlen anderen gegenüber befreist.
- Ich fühle mich minderwertig: In diesem Fall ist es wichtig, dass du damit aufhörst, dich mit anderen zu vergleichen. Steh zu dir und erkenne deinen eigenen Wert!
- Ich stecke im Hamsterrad fest: In diesem Fall ist die Lösung jene, dass du das Tempo für dein Leben selbst wählst und aus dem Hamsterrad aussteigst. Ganz wichtig dabei: Gönn dir Ruhepausen, in denen du neue Kraft tanken kannst!
- Ich stelle die Vernunft über alles andere: Der Lösungsansatz für dieses Muster klingt einfach und ist es wohl auch. Hör damit auf, vernünftig zu sein, hör auf deinen Impuls und folge deiner Intuition! Das bringt dich zurück zu deinen Emotionen, die in jedem Entwicklungsprozess eine wesentliche Rolle spielen.

Deine Lebenszeit ist kostbar!

Wenn man Menschen am Ende ihres Lebens fragt, was sie am meisten bereuen, sind es in den allermeisten Fällen all jene Wünsche, die sie sich nicht erfüllt und alle Erfahrungen, die sie nicht gemacht haben. Wissend, dass sie nun keine Zeit mehr dafür haben, all das aufholen zu können.
Deshalb sollten wir jeden Tag, der uns geschenkt wird, genießen, und die Chancen, die sich uns bieten, nutzen. Die eigenen Bedürfnisse zu unterdrücken, sorgt nicht nur dafür, dass wir unzufrieden sind, sondern es raubt uns auch wertvolle Energie und Lebensfreude. Wir sind weder bei dem, was wir tun, mit ganzem Herzen dabei, noch erleben wir die große Freude, die sich einstellt, wenn man sich einen großen Wunsch erfüllt.
(Inspiriert von: Nadja Nollau, „Go! Endlich neue Wege gehen")

Apropos Wunsch: Stell dir vor, eine gute Fee würde erscheinen und dir die Erfüllung deiner Wünsche anbieten. Könntest du auf Anhieb sagen, was du dir wirklich wünschst, oder müsstest du erst lange überlegen und nachdenken? Manchmal kennen wir unseren sehnlichsten Wunsch nämlich gar nicht, wie der Protagonist in der „Geschichte vom wichtigsten Wunsch", die ich im Buch „Sei glücklich – Du schaffst es" von Annemarie Trixner entdeckt habe. In der Geschichte wird einem Mann, der mit seinem Leben unzufrieden ist, durch ein elfengleiches Wesen die Möglichkeit zur Erfüllung dreier Wünsche geboten. Der Mann ist natürlich außer sich vor Freude, und nachdem er sich zuerst Macht und Geld wünschen will, entschließt er sich dazu, seine Frau, die ihm zuwider ist, verschwinden zu lassen und durch eine jüngere und schönere zu ersetzen. Gesagt, getan! Als die neue Frau ihn jedoch zu nerven beginnt, nutzt er seinen zweiten Wunsch dazu, seine alte Frau zurückzubekommen. Bleibt nur noch ein Wunsch. Über diesen zerbricht er sich so lange den Kopf, bis ihn das ganze Grübeln fast um den Verstand bringt. Am Ende ist er so verzweifelt, dass er die Fee darum bittet, für ihn einen letzten Wunsch zu formulieren. Diese biegt sich vor Lachen und meint daraufhin nur: „Du bist mir doch ein rechter Tropf. Da hattest du die Chance, dir dein Himmelreich zu schaffen und weißt nicht einmal, wie es ausschauen soll!"

Aber wir wollen uns ja darauf konzentrieren, was wir wirklich wollen und uns unserer Wünsche bewusst werden. Dazu helfen dir deine Aufzeichnungen von vorhin. Wenn du anhand dieser nun genau weißt, was du willst, und wohin deine Reise gehen soll, dann zögere nicht länger und brich auf! Steuere, ohne zu zögern, auf dein Ziel zu!
Mir hilft es immer, wenn ich mir eine Collage von meinen Zielen mache. Sie erfüllt mich mit Vorfreude, motiviert mich, mein Ziel zu erreichen, und unterstützt mich dabei, nicht aufzugeben.

**Übung: Dein Visionboard
für dein Leben**

Sammle einige Illustrierte und Magazine mit verschieden Bildern. Schneide aus, was dir gefällt, dich anspricht und zu deinem Ziel passt. Du kannst auch Buchstaben ausschneiden und einen Text zusammenstellen, oder du schreibst selbst mit Buntstiften den Text dazu. Deiner Fantasie sind dabei keine Grenzen gesetzt. Folge deiner Intuition! Befestige die Collage/dein sogenanntes Visionboard an einer Stelle, wo du es oft siehst. Schau es dir mehrmals täglich an, fühle das herrliche Gefühl der Freude, die du empfinden wirst, wenn du das Ziel erreicht hast. Sei dankbar dafür.

Ich klebe mein Visionboard auf die Innenseite meiner Schlafzimmertür, sodass ich vorm Einschlafen und gleich beim Aufwachen einen Blick darauf werfen kann und mich freue.

Vom Pechvogel zum Glückskind
mit der Kraft der Gedanken

Kennst du den Unterschied zwischen Menschen, denen scheinbar alles relativ leicht und mühelos gelingt und anderen, die, obwohl sie sich redlich abmühen, einfach nichts zu erreichen scheinen? Oder denjenigen, die aus einer Lebenskrise gestärkt und gewachsen hervorgehen und jenen, die scheinbar im Elend versinken? Für die meisten ist die Sache ganz klar: Es gibt eben Glückskinder und es gibt Pechvögel.

Stopp!
Von Natur aus hat jeder Mensch etwas von beidem in sich. Es gibt nur einen einzigen Unterschied:
Die Gedanken

Mit unseren Gedanken bestimmen wir einen Großteil unseres Lebens. Glück und Unglück funktionieren nach einem eigenen Prinzip. Wie schon der römische Kaiser und Philosoph Mark Aurel vor vielen Jahrhunderten sagte: „Das Glück deines Lebens hängt von der Beschaffenheit deiner Gedanken ab." Sind deine Gedanken positiv, konstruktiv und zielgerichtet, ist es dein Leben auch. Wer helle Dinge denkt, zieht helle Dinge an. Umgekehrt ist es ebenso. Doch wir sind keine hilflosen Opfer, die ihren Gedanken willenlos ausgeliefert sind. Jeder Mensch kann lernen, Meister über seine Gedanken zu werden. Wir beherrschen unsere Gedanken und nicht umgekehrt! Die meisten Menschen glauben jedoch, dass sie selbst kaum Einfluss auf ihr Leben nehmen können. Doch wir alle kennen Menschen, die ein klares Ziel hatten, daran festgehalten und es tatsächlich erreicht haben – unabhängig von der Umgebung, dem finanziellen Hintergrund und Hürden auf dem

Weg zum Ziel. Diese Menschen haben es aufgrund ihrer positiven, beharrlich aufs Ziel gerichteten Gedanken geschafft. Beispiele gefällig? Ich erwähne hier einige bekannte Persönlichkeiten, die ich sehr verehre, wie zum Beispiel Bernhard Grzimek, Jane Goodall, Reinhold Messner, Hermann Maier, Marcel Hirscher, Niki Lauda, Hugo Portisch und viele andere.

Auch in meinem eigenen Leben fallen mir einige Situationen ein, in denen ich mit der Kraft meiner Gedanken – von der ich damals noch keine Ahnung hatte – vieles in meinem Leben verwirklicht habe.
So interessierte ich mich schon von Kindheit an für alles, was mit Afrika zusammenhing: die Länder, die Menschen und die wilden Tiere. Besonders zog mich der Kilimandscharo in seinen Bann, der höchste Berg Afrikas, von dem ich ein wunderschönes Bild in der Auslage eines Reisebüros gesehen hatte. Immer wieder beschäftigte ich mich in Gedanken mit dem höchsten, schneebedeckten Berg Afrikas und dem Wunsch, ihn eines Tages zu sehen. Doch nie hätte ich daran gedacht, dass sich dieser Traum erfüllen könnte. Und dann ergab es sich durch einen puren Zufall, dass mein Mann, meine Söhne und ich im Jahr 1980 nach Kenia reisen konnten. Ich sah den „Kili" vom Amboseli-Nationalpark in Kenia ganz aus der Nähe. Es war für mich ein einzigartiges Erlebnis. Ich bin heute so dankbar dafür, dass sich nicht nur mein Traum erfüllt hat, sondern dass ich seither noch einige weitere Male nach Afrika reisen konnte.

Als ich spät, aber doch den Führerschein machte, führte das zuerst zu Turbulenzen in meiner Partnerschaft. In weiterer Folge kam es zu erfreulichen Veränderungen in meinem Leben, denn ich erfuhr vom Spiegelgesetz, wurde selbst Spiegelgesetz-Coach und im Laufe der Jahre Expertin für das Spiegelgesetz. Ich fand einen Beruf, der für mich zur Berufung und Lebensaufgabe wurde. Mehr darüber verrate ich dir im Kapitel über das Spiegelgesetz auf Seite 72.

*Du kannst alles erreichen, was du denken und glauben kannst,
wenn du beharrlich genug bist.*

Wenn wir damit beginnen, unser Mindset neu zu programmieren, indem wir Gedanken denken, die uns weiterbringen, und gleichzeitig die Gedanken, die uns einschränken und hinabziehen, Schritt für Schritt aus unserem Leben verbannen und loslassen, geschieht im wahrsten Sinne ein Wunder. Wer positiv und konstruktiv denkt, kann auch ein positives Leben führen!
Ich möchte dir hier die Basis und grundlegenden Werkzeuge aus dem Mentaltraining vermitteln, mit denen du dein Leben grundlegend verändern kannst.

Was ist Mentaltraining?

*Achte auf deine Gedanken, denn sie werden zu deinen Worten.
Achte auf deine Worte, denn sie werden zu Handlungen.
Achte auf deine Handlungen, denn sie werden zu Gewohnheiten.
Achte auf deine Gewohnheiten, denn sie werden dein Charakter.
Achte auf deinen Charakter, denn er wird dein Schicksal.*
Aus dem Talmud

Gedanken sind Kräfte. Wer das weiß und nutzt, kann in seinem Leben Unglaubliches bewirken und erreichen. Was wir gedanklich immer wieder bewegen, muss in Erscheinung treten dank unserer Schöpferkraft. Wir müssen das nicht begreifen und verstehen, sondern nur daran glauben, dass es so ist. Den elektrischen Strom können wir auch nicht begreifen, wir sehen nur dessen Wirkung.

Das Mentaltraining (Mental = im Geist, Training = Übung) ist ein hilfreiches Instrument für alle Lebenslagen und wird eingesetzt für geistiges Wachstum, körperliche und seelische Gesundheit und die Überwindung von (scheinbar) Negativem. Im Gegensatz zum körperlichen Training findet das mentale Training im Geist, also in der Vorstellung, statt. Der große Vorteil des Mentaltrainings ist, dass es keinen Ort der Welt gibt, an dem es nicht möglich wäre, mental zu trainieren. Fürs Mentaltraining eignen sich sogar nicht so beliebte Orte und Situationen, wie der Stau auf der Autobahn, das Wartezimmer beim Arzt, die Warteschlange im Supermarkt, etc.

Du kannst damit...
...einen Vortrag in Gedanken durchgehen oder laut vorsprechen.
...ein Vorstellungsgespräch/ eine anstehende Verkaufsverhandlung in Gedanken durchgehen.
...dir vorstellen, perfekt Auto zu fahren, Golf/Tennis zu spielen oder Ähnliches.

Wir alle setzen Aktionen in jeder Minute unseres Lebens, die sich als Glück oder Leid, als Krankheit oder Wohlbefinden oder als Schicksal manifestieren.
Meist tun wir das unbewusst. Da jedoch die Qualität unserer Gedanken die Qualität unserer Realität entscheidet, ist es wichtig, achtsam zu sein und uns unsere Gedanken bewusst zu machen. Ebenso ist es wichtig, alles Leidvolle in unseren Gedanken und Gefühlen zu erkennen, aufzulösen und durch Positives zu ersetzen.

Der Einfluss von Gedanken auf unser Leben

Vor jeder Handlung, vor jeder Erfindung, vor allem Tun steht ein Gedanke. Jedes Haus, jede Straße, jede Erfindung ist zuerst in Gedanken entstanden. Wir alle haben die Macht, Realität zu erschaffen, ob wir uns dessen bewusst sind oder nicht. Bewusst oder unbewusst erschaffen wir alle Lebensumstände, Ereignisse, Begegnungen, Beziehungen oder Dinge in unserem Leben.

Warum ist das so? Um das besser verstehen zu können, werfen wir einen Blick in die Physik.
Wir können dies alles nur, weil uns überall eine Substanz zur Verfügung steht, die wir Energie nennen. Diese Energie ist bereit, in jeder gewünschten Form in Erscheinung zu treten, sobald ein Schöpfer sie prägt. Die Form, die wir unseren Gedanken geben, prägt die Energie und lässt sie als Materie in Erscheinung treten. Materie ist verdichteter Geist. Wir alle sind Bestandteile eines großen Energiefeldes, das wir Kosmos nennen, was „Ordnung" bedeutet. Auf der Ebene unserer Sinnesorgane scheinen die Dinge fest und voneinander getrennt. In Wirklichkeit sind wir aber – ganz wörtlich – EINS. Alle Materie entsteht und besteht nur durch die eine Kraft, das eine Bewusstsein, den einen Geist. Wir alle haben Energie, sonst könnten wir nicht leben. Das Wort „Energie" kommt aus dem Griechischen und heißt „Wirkende Kraft". Seit Albert Einstein wissen wir, dass Materie in Energie und Energie in Materie umgewandelt werden kann.

Alles, was wir erschaffen, muss zuerst gedacht werden. Denken ist das Bewegen geistiger Energie, und beharrlich bewegte Energie wird als Ereignis oder Ding sichtbar. Die Gedanken, die wir ständig denken, erzeugen unsere Realität. Gedanken, die wir nicht loswerden, werden unser Los!
Jeder Gedanke hat eine sofortige Wirkung auf unseren Körper mit einer Vielzahl an körperlichen und gefühlsmäßigen

Reaktionen. Die Qualität unserer Gedanken wird durch unseren Glauben, unsere Einstellung und unsere Überzeugungen bestimmt. Leidvolle, Leid erzeugende Gedanken wirken sich irgendwann im Leben negativ aus, lebensbejahende, positive Gedanken positiv. Dabei ist es egal, ob sie uns bewusst oder unbewusst sind. Wer das weiß und anwendet, kann sein Leben bewusst gestalten.

Lass uns das an einem simplen Beispiel betrachten: Stellen wir uns einen Garten vor mit bunter Vielfalt, vielen verschiedenen bunten Blumen, diversen Gemüsesorten, Erdbeeren und Stauden voller Ribiseln. In einer Ecke überwuchert jedoch Unkraut das Gemüse und die Blumen. Was ich dir mit diesem Beispiel sagen will? Alles, was in dem Garten wächst, wurde einmal angepflanzt. Und auch der Unkrautsamen ist in dem Garten aufgegangen.

Stell dir nun den Garten als Metapher für dein Leben vor. Da du in deinem Lebensgarten mit deinen Gedanken alles angepflanzt/gesät hast, bist du auch für alles, was in deinem Garten wächst, verantwortlich. Du bist auch für das Unkraut zuständig. An dem, was wächst, erkennst du, was du angebaut hast, auch wenn das schon lange her und dir nicht mehr bewusst ist. Wenn du in deinem Garten Radieschen angebaut hast, kannst du nur Radieschen ernten und keine Melonen, auch wenn du dir Melonen wünschst. Wenn du Melonen ernten willst, musst du erst Melonen anbauen. „Du erntest, was du säst", heißt es dazu schon in der Bibel. Da jedoch zwischen Aussaat und Ernte oftmals viel Zeit verstreicht, können wir oft keinen Zusammenhang erkennen. Du kannst säen, was du willst. Ernten kannst du jedoch immer nur das, was du gesät hast. So ist das und nicht anders: Das gilt auch für unser Leben und betrifft alle Seiten davon.

Gefällt dir nicht, was du derzeit erlebst, und leidest du darunter, musst du zuerst einmal die Verantwortung dafür übernehmen. Du kannst es abstreiten und noch so oft sagen: "Ich war's nicht!" Das hilft dir nicht weiter. Akzeptiere es einfach: den egoistischen Partner, die finanzielle Situation und das Auto, an dem ständig ein Schaden auftritt. Es ist, was es ist und es ist, wie es ist. Es ist in DEINEM Leben, es hat daher etwas mit DIR zu tun. Aber die gute Nachricht ist: Alles, was in deinem Leben ist, will dir dienen, damit du wachsen kannst. Unser Leben ist immer auf Wachstum ausgerichtet.

Bis vor einigen Jahren habe ich mich in Gedanken viel mit Problemen, mit Mangel, mit Sorgen und mit Ängsten beschäftigt. Manchmal konnte ich einfach nicht abschalten. Natürlich gab es immer genug Anlass dafür, mich zu sorgen und zu ängstigen. Denn was wir aussenden, die Energie, in der wir uns gedanklich befinden, ziehen wir an. Das besagt das Gesetz der Resonanz.

Dass die Vögel der Sorge und des Kummers über deinem Haupt
fliegen, kannst du nicht ändern.
Aber dass sie Nester in deinem Haar bauen,
das kannst du verhindern.
Martin Luther

Seit ich mich im Zuge meiner Ausbildung zur Mentaltrainerin intensiv mit der Kraft der Gedanken auseinandergesetzt habe, ziehe ich meine Aufmerksamkeit von destruktiven Gedankengängen ab. Und seit ich das Spiegelgesetz im Jahr 2000 kennen- und lieben gelernt habe, zucke ich bei unerfreulichen Ereignissen oft nur mit den Schultern, sage „Na und!", akzeptiere die augenblickliche Situation und wende mich bewusst anderen Dingen zu. Denn eines trifft auf jeden Menschen zu: Worauf wir unsere Aufmerksamkeit richten, das wächst in unserem Leben.

Das nicht nur zu wissen, sondern auch anzuwenden, wirkt wahre Wunder. Ich habe zum Beispiel früher meinen Freundinnen oft von ärgerlichen Vorfällen und unangenehmen Erlebnissen erzählt und ausführlich darüber gejammert. Das mache ich heute ganz bewusst nicht mehr. Ich wärme alte Geschichten nicht mehr auf, indem ich sie zigmal weitererzähle und ihnen dadurch Energie gebe. Bewusst setze ich einen Schlusspunkt. Aus, vorbei und Ende!

Heute reagiere ich auf unerfreuliche Ereignisse und Lebensumstände so: Es ist, wie es ist und es wird, was ICH daraus mache! Welch ein gigantischer Unterschied zu früher, wo ich mir tagelang den Kopf zerbrochen habe, warum etwas so ist und Schuldige dafür gesucht und gefunden habe. Überhaupt lassen uns „Warum"-Fragen das Problem nur verstärken und versperren uns die Sicht auf Möglichkeiten und Lösungen, die jedem noch so „schlechten" Ereignis innewohnen.
Wenn du also die Wirkungen und Reaktionen in deinem Leben ändern willst, so ist es erforderlich, dass du achtsam mit deinen Gedanken umgehst.

Wenn wir begreifen, dass unsere Welt die Folge unserer Gedanken ist, dann wird uns klar, dass es vorteilhaft ist, täglich jene Art von Gedanken zu denken, deren Auswirkung wir gerne erleben würden. Nichts spielt bei der Entstehung unseres Glücks oder Unglücks eine wichtigere Rolle als die Gedanken, denen wir Raum geben. Denn alles, worauf wir unsere Aufmerksamkeit richten, wächst in unserem Leben. Das gilt für positive Gedanken ebenso wie für negative.

Und nun einmal ganz ehrlich: Womit beschäftigst du dich mehr? Der erste Schritt für dich kann sein, dass du dir deine vorherrschenden Denkgewohnheiten und Denkmuster bewusst machst, indem du dich ab heute selbst genau beobachtest. Auf eine liebevolle, neugierige, nicht wütende und wertende Weise bitte. Es geht vor allem darum, dass du dir deiner Gedanken und Reaktionen in bestimmten Situationen bewusst wirst. Denkst und reagierst du im Autopiloten (also unbewusst nach einem wahrscheinlich in deiner Kindheit erlernten Muster), oder hast du das Steuer in der Hand und kannst bewusst reagieren, und zwar so, wie es dir dient?

Dazu gibt es eine Übung, die ich gerne selbst praktiziere, und die ich dir hier mitgeben will:

Übung: Wie du lernst, achtsamer mit deinen Gedanken umzugehen

Besorge dir ein kleines Notizbuch, das du immer bei dir trägst. Halte während des Tages mehrmals inne und frage dich: Was denke ich gerade? Nun nimm dein Notizbuch zur Hand und schreibe die Gedanken auf. Frage dich: „Will ich das erleben, was ich gerade denke?". Bei destruktiven Gedanken sage: „Stopp!". Richte deinen Fokus auf das, was du willst.
Wusstest du übrigens, dass bei den meisten Menschen 80 Prozent der Gedanken leidvoll und zerstörerisch sind? Das habe ich vor langer Zeit einmal irgendwo gelesen oder gehört. Die Zahl hat mich damals schon schockiert.

Diese Fragen helfen dir, zu erfassen, wo du in deinem Leben gerade stehst:
- Welche Grundeinstellung beherrscht mein Leben?
- Sehe ich das Glas halbvoll oder halbleer?
- Wie bin ich morgens gelaunt?
- Womit beschäftige ich mich in meinen Gedanken?
- Bin ich vorwiegend optimistisch oder pessimistisch?

Positiv denken, wird oft falsch verstanden. Das Wort „positiv" wird gleichgesetzt mit „sich etwas vormachen" oder „sich alles schönreden". Genau das ist damit nicht gemeint. Positiv ist nicht naiv!
Ein Beispiel: Es regnet in Strömen. Dann sage ich nicht: „Juhu, es regnet!", obwohl mir Regenwetter total auf die Nerven geht, sondern: „Okay, es regnet zwar, aber was kann ich Gutes daraus machen?". Ich komme endlich dazu, Dinge zu erledigen, die ich bei Sonnenschein nicht mache. Ich mach es mir zu Hause gemütlich, ich lese ein gutes Buch, ich räume die Lade auf oder entrümple meinen Kleiderschrank, oder ich schau mir genüsslich einen alten Film an.

Zerstörerische Gedanken sind wie Gift für unseren Körper und unseren Geist. Richte deine Gedanken darauf aus, was du haben möchtest, und wer du sein willst, anstatt darauf, was du nicht haben oder nicht sein möchtest!

- Das kann ich mir nicht leisten.
- Nette Frauen/Männer sind sowieso alle verheiratet.
- Das klappt ja sowieso nicht.
- Ich bin zu alt, zu dick usw.!

Wenn du so denkst, ziehst du genau das an. Nicht weil es wahr ist, sondern weil du es glaubst. Gedanken an Mangel ziehen Mangel an.

Positiv denken, bedeutet hingegen, zu wissen, dass...
- ...du in Möglichkeiten und Lösungen denkst.
- ...du annimmst, was ist, aber entscheidest, was du daraus machst.
- ...du vertraust und die innere Haltung hast: „Ich kann alles schaffen".

- …du bejahst und weißt: „Das Steuer meines Lebens habe ich in der Hand. Ich bin verantwortlich für die Qualität meines Lebens."
- …Krisen und Probleme auch eine Chance für persönliches Wachstum sind.
- …das Leben uns grundsätzlich positiv gesonnen, also schön und voller Freude ist.

Du meinst, dass du dich nicht gegen negative Gedanken wehren kannst? Sie überfallen dich einfach und sind plötzlich da? Ich verrate dir eine hilfreiche Strategie bei negativen Gedanken.
Stell dir vor, leidvolle Gedanken sind wie Wolken am Himmel, die einfach vorüberziehen. So kannst du die Gedanken beobachten, ohne sie zu bewerten. Das heißt, du bist der Himmel, und deine Gedanken sind die Wolken, die kommen und gehen. Damit verlieren negative Gedanken viel von ihrer Schwere. Probier es gleich einmal aus!

Wenn du Schwierigkeiten mit dem Beobachten hast, setze einfach jedem negativen Gedanken einen positiven entgegen.
Beispiel:
„Ich habe kein Geld, das kann ich mir nicht leisten." → „Ich habe Geld in Fülle."
„Ich bin zu dick." → „Ich habe einen wohlgeformten Körper, er ist ein Wunderwerk, er ist immer für mich da."
„Ich finde einfach keinen Partner, der zu mir passt." → „Ich bin glücklich mit meinem Traumpartner."
„Es ist so schwierig, ein Haus zu finden." → „Ich wohne in meinem Traumhaus."

Auch wenn dir der kleine Giftzwerg in deinem Hirn einredet, dass die positiven Gedanken ja gar nicht stimmen, lass dich nicht beirren. „Fake it, till you make it", lautet die Devise. Oder anders gesagt: Alles, was du dir vorstellen kannst, kannst du auch erreichen!

Der Mensch hat gelernt, alles zu beherrschen: Elektrizität, Maschinen, Computer – das Größte wie das Kleinste, nur das Nächste nicht – sich selbst! Mit dem menschlichen Verstand aber ist es wie mit einem Fallschirm: Er nützt nur etwas, wenn er sich entfaltet.

Wer denkt oder sagt „Ich kann nicht", setzt sich nur selbst Grenzen. Du hast stets die Wahl. Du kannst Gedanken wählen, die dich froh und glücklich machen, also aufbauende, motivierende Gedanken. Du kannst aber auch Gedanken denken, die negativ sind, die dich unglücklich machen, dich entmutigen und hinunterziehen. Die Entscheidung liegt stets bei dir. DU entscheidest, was du denkst.

Ist dir aufgefallen, dass in Medien tagtäglich vorwiegend über angsteinflößende Geschehnisse berichtet wird? Über die schlechte Wirtschaftslage, Umweltkatastrophen, Erdbeben, Flugzeugabstürze, Epidemien/Pandemien, Aufstände und ähnliche schreckliche Dinge. Positive Geschehnisse sind selten Schlagzeilen wert. Viele Menschen regen sich darüber auf, sorgen sich, reden und diskutieren darüber. Du kannst nicht beeinflussen oder ändern, worüber die Medien berichten. Doch du kannst dich dagegen wehren, in das Gejammer der Masse einzustimmen. Setze positive Gedanken entgegen, sonst wird noch mehr Negatives angezogen. Frage dich: Wofür ist all das jetzt eine Chance?

Unser Körper reagiert auf alle Arten von Gedanken, auf angenehme und unangenehme, auf wahre und unwahre. Wir können fühlend überprüfen, ob Gedanken wahr oder unwahr sind. Viele sind sich nicht bewusst, wie viele unwahre Gedanken sie denken. Diese Gedanken sind Energien. Unwahre Gedanken zeigen sich in Form von Enge, Kälte, Druck, Spannung bis zum Schmerz. Bei wahren Gedanken reagiert der Körper mit Ausdehnung, er wird weiter, du kannst besser atmen, du entspannst dich.

Lass uns das gleich mal probieren. Du musst die Sätze nicht glauben, nur denken. Welchen Unterschied gibt es zwischen Denken und Glauben? Du kannst denken „ich wohne auf dem Mond", aber du glaubst es nicht. Seit unserer Kindheit haben wir gelernt, viele Gedanken zu denken und zu glauben.

Übung: Wie sich Gedanken auf unseren Körper auswirken

Diese Übung von Robert Betz habe ich selbst schon mehrfach ausprobiert und die Erkenntnisse, die ich daraus gewonnen habe, sind jedes Mal wieder faszinierend für mich. Such dir für die Übung einen schönen Platz, schalte dein Handy aus und sieh zu, dass du nicht gestört wirst. Schließe die Augen, atme ruhig tief ein und tief aus in einem für dich angenehmen Atemrhythmus, spür deinen Körper kurz und dann denke bewusst den Satz: „Ich habe viele Fehler in meinem Leben gemacht."

Wenn ich mir diesen Satz laut vorsage oder auch nur denke, reagiert mein Körper mit einem beklemmenden Gefühl darauf. Wie ist es bei dir? Wird dein Körper enger oder weiter, schwerer oder leichter, härter oder weicher, wärmer oder kälter? Wichtig ist bei dieser Übung, dass du wirklich nur denkst und spürst. Beobachte, welche Emotionen auftauchen und wo das Zentrum deiner Gefühle liegt. Ist es in der Brust, im Magen oder sonst wo im Körper? Wenn du in dich hineingespürt hast, komm wieder zurück und sei da. Hast du den Zusammenhang zwischen Gedanken, Empfindung und Gefühl/Emotion bemerkt?

Nun versuchen wir das Ganze mit einem positiven Beispiel und beobachten auch hier, wie sich ein Gedanke auf unseren Körper auswirkt. Schließe deine Augen und atme ein paarmal tief ein und aus. Nun denke bewusst den Gedanken: „Ich bin ein liebenswerter Mensch, alle mögen mich." Atme dabei tiefer und fühle, wie dein Körper reagiert. Wird er bei diesem schönen Gedanken enger oder weiter, schwerer oder leichter, heller oder dunkler? Welche Emotion macht sich in dir breit? Ist es Freude, Leichtigkeit oder ein anderes angenehmes Gefühl? Nun komm wieder zurück und öffne die Augen. Hast du gespürt, wie groß der Unterschied ist, wenn du einerseits etwas Negatives und andererseits etwas Positives denkst?

Wenn man sich bewusst macht, dass Gedanken auch Auswirkungen auf unseren Körper haben, erkennt man, warum es so wichtig ist, sich für Gedanken zu entscheiden, die mit Freude, Leichtigkeit und Frieden verbunden sind. Überprüfe dabei stets, was dein Herz dazu sagt, und mach dir bewusst, was du denkst.

(Vgl.: Robert Betz, „Anleitungen zum bewussten Fühlen")

Du hast zwei Möglichkeiten, am Spiel des Lebens teilzunehmen:
Als Spielfigur, dann wirst du hin- und hergeschoben.
Als Spieler, dann bestimmst DU die Spielzüge.

Dazu ist es notwendig, die Spielregeln zu kennen und anzuwenden. Die Spielregeln sind die geistigen Gesetze.

Die geistigen Gesetze

Wir alle funktionieren nach geistigen Gesetzen. Sie wirken, ob wir sie kennen oder nicht. Wenn wir dagegen verstoßen, bekommen wir Nachhilfeunterricht vom Leben in Form von Leid, Krankheit, Unfall oder Schicksal. Wir können die geistigen Gesetze nicht ändern, wir können uns höchstens dagegen auflehnen. Sobald wir jedoch eigenwillig werden, beginnt das Gesetz von Ursache und Wirkung wirksam zu werden und konfrontiert uns mit den Folgen unseres Tuns. Die Wirkung dieses Gesetzes nennen wir dann Schicksal. Wir können aber auch mit den geistigen Gesetzen kooperieren, dann dienen sie uns willig. So wie alles, was uns widerfährt, uns immer nur dienen und helfen will, mag es uns als Wirkung noch so unangenehm sein. Lernen wir jedoch, mit den geistigen Gesetzen in Einklang zu leben, befinden wir uns auch im Einklang mit der Schöpfung, mit dem Leben selbst. Du willst dich ausführlicher mit den geistigen Gesetzen beschäftigen, dann empfehle ich dir das Buch „Die Geistigen Gesetze" von Kurt Tepperwein.

Es gibt viele geistigen Gesetze, von denen ich an dieser Stelle nur die wichtigsten anführe:
- Gesetz der Liebe
- Gesetz von Ursache und Wirkung
- Gesetz der Resonanz
- Das Spiegelgesetz
- Gesetz des Denkens
- Gesetz der Polarität
- Gesetz der Entsprechung
- Gesetz der Fülle
- Gesetz der Freiheit
- Gesetz des Dankens
- Gesetz des Segnens
- Gesetz der Gnade

Besonders wichtig für dich, wenn du dir ein selbstbestimmtes, selbstbewusstes Leben erschaffen willst, sind folgende drei Gesetze:

Das Gesetz von Ursache und Wirkung

Alles, was auf dieser Welt geschieht, gehorcht dem Prinzip von Ursache und Wirkung. Nichts kommt von nichts und jede Wirkung entspricht in Qualität und Quantität immer genau der Ursache. Zufall und Glück sind nur Bezeichnungen für einen nicht erkannten Zusammenhang. Das Schicksal ist weder ein unerforschlicher Ratschluss, noch blinder Zufall, denn jeder bekommt immer nur das, was er selbst verursacht hat. Jeder Gedanke, jedes Gefühl und jedes Wort sind Ursachen, denen eine entsprechende Wirkung folgt. Unser Schicksal ist die Summe der Folgen unserer Entscheidungen und es konfrontiert den Menschen nur mit den Folgen seines Tuns.

Das Gesetz der Resonanz

Gleiches zieht Gleiches an und wird durch Gleiches verstärkt. Ungleiches stößt einander ab. Jeder kann nur das anziehen, was seiner derzeitigen Schwingung entspricht. Die vorherrschenden Gedanken, Gefühle und Neigungen eines Menschen bestimmen seine geistige Atmosphäre und schaffen so eine Aura des Erfolges oder des Misserfolges.
Alles, was derzeit in unserem Leben ist, entspricht unserer Schwingung. Wie ein Magnet ziehen wir Personen, Situationen, Lebensumstände und in letzter Konsequenz Krankheiten und Schicksalsschläge an, mit denen wir in Resonanz sind und die unserer Schwingung entsprechen.

Das Spiegelgesetz

Alles, was um mich ist, jeder Mensch, dem ich begegne, jede Situation, in die ich gerate, mein Auto, mein Bankkonto sowie der Zustand meines Körpers, sind Spiegelbilder meiner bewussten und unbewussten Gedanken und Überzeugungen – innen wie außen.

Gefällt mir ein Spiegelbild nicht und leide ich deshalb, so nützt es nichts, den Spiegel zu verhüllen oder zu zerschlagen. Durch den mutigen Blick in den Spiegel meines Lebens finde ich Zugang zu unbewussten Überzeugungen in meinem Inneren, die Ursache für meine Erfahrungen im Leben sind. Wenn ich sie loslasse und durch neue, stimmige Überzeugungen ersetze, verändern sich gleichzeitig meine Erfahrungen im Leben.

Da du jetzt weißt, dass deine Gedanken Chancen sind, dein Leben positiv zu verändern, wähle bewusst Gedanken, die dir guttun. Sage „Stopp!" zu negativen Gedanken, ziehe deine Aufmerksamkeit von ihnen ab und lasse sie vorüberziehen wie Wolken am Himmel, die sich schließlich auflösen. Wende dich vermehrt positiven Gedanken zu, widme ihnen deine ungeteilte Aufmerksamkeit und bewege sie im Geist immer wieder.

Wärme ab jetzt alte, unangenehme Geschichten aus der Vergangenheit nicht mehr auf, werde dir derer bewusst, lasse sie los und streiche sie aus deinem Gedächtnis. Ohne deine Vergangenheit bist du sofort frei! Wenn du dich mit deinen Gedanken hingegen immer wieder unangenehmen Geschichten aus der Vergangenheit zuwendest und sie immer wieder erzählst, versorgst du die negativen Gedanken mit Energie und gibst deinem Ärger stets neue Munition. Doch die Vergangenheit ist vorbei. Lösche sie! Und Punkt!

Du magst jetzt einwenden, dass du nicht weißt, wie du die alten Geschichten in deinem Kopf löschen kannst. Diese Frage beantworte ich ausführlich im Kapitel über das Spiegelgesetz.

Du kannst die Vergangenheit nicht ändern, jedoch dein Denken über die Vergangenheit.
Im Kapitel „Vergebung ist der Schlüssel zum Glück" erfährst du dazu mehr.

Ein weiteres Beispiel dazu aus meiner Praxis ist jenes von Annemarie und ihrer Tochter:
Ich kenne Annemarie seit vielen Jahren, wir treffen uns manchmal und gehen spazieren oder plaudern in einem Café. Seit ich zurückdenken kann, erzählt mir Annemarie immer wieder das Gleiche. Sie spricht über ihre erwachsene Tochter, die mit ihrem Sohn im selben Haus wohnt.
Julia ist verantwortungslos, sie kümmert sich weder darum, dass ihre Wohnung aufgeräumt ist, noch dass ihr Kind etwas Ordentliches zum Essen bekommt. Sie sitzt den ganzen Tag vor dem Fernseher und futtert ungesundes Zeug. Nie kocht sie, nie räumt sie auf. Jeden Tag steht Annemaries Enkel vor ihrer Tür und sie nimmt ihn bei sich auf und kocht für ihn. Das geht seit Jahren so. Annemarie beklagt sich über ihre Tochter, tut aber nichts, um die für sie leidvolle Situation zu ändern. Sie übernimmt weiter die Verantwortung und kümmert sich um den mittlerweile 15-jährigen Teenager und räumt sogar oft Julias Wohnung auf.
Anfangs habe ich Annemarie angeboten, mit ihr den Spiegel Tochter anzuschauen. Das lehnte sie jedoch ab. Sie will nichts ändern, sie will nur jammern.

Jetzt überlege einmal:
Wird sich für Annemarie etwas an der Situation ändern, wenn sie so handelt bzw. nicht handelt?
Wohl kaum! Wie sagte Albert Einstein so treffend: „Es ist Wahnsinn, zu glauben, etwas ändert sich, wenn du alles beim Alten belässt."
Annemarie wird so lange schlechte Erfahrungen mit ihrer Tochter machen, bis es ihr reicht und sie bereit ist, aus der Opferrolle

auszusteigen und sich, ihr Denken und ihre Überzeugungen zu ändern.

Abschließend möchte ich dir von einem großartigen Werkzeug erzählen, mit dem es dir gelingt, unwahre Gedanken zu entlarven und aufzulösen. Es ist eine weltbekannte Methode von Byron Katie und heißt „The Work". Ich habe mich erst vor einigen Monaten näher damit befasst und finde die Methode höchst effektiv und wirksam.
Im Grunde geht es um folgende vier Fragen, mit denen du jeden Gedanken, der Emotionen hervorruft, auf seinen Wahrheitsgehalt überprüfen kannst.

1. Ist dieser Gedanke wahr? (ja oder nein)
   Wenn ja:
2. Kannst du absolut sicher sein, dass dieser Gedanke wahr ist? (ja oder nein)
3. Wie reagierst du, wenn du diesen Gedanken denkst?
4. Wer wärst du ohne diesen Gedanken?

Nun kehre den Gedanken um. Die Umkehrungen helfen dabei, den Gedanken von verschiedenen Seiten zu betrachten.

Am besten zeige ich dir die Wirkung der Methode an einem Beispiel aus meiner Praxis. Eine Klientin hatte folgende innere Überzeugung, die sie sehr belastete: „Ich muss für alle da sein"
1. Ist das wahr?
   „Ja."
2. Kannst du mit absoluter Sicherheit wissen, dass das wahr ist?
   „Ja."
3. Wie reagierst du, wenn du diesen Gedanken denkst? Wie fühlst du dich (körperlich, geistig) und wo trifft dich dieses Gefühl?

„Ich bin nervös, spüre einen Druck auf der Brust, es wird eng und ich bekomme kaum Luft."
Wie behandelst du andere, wenn du diesen Gedanken denkst?
„Ich bevormunde sie, ich traue ihnen nichts zu."
Wie behandelst du dich selbst?
„Ich fühle mich überfordert und minderwertig, diesem Anspruch kann ich nicht gerecht werden."
Kommen Süchte ins Spiel, wenn du diesen Gedanken denkst (Essen, Trinken, Shoppen, Handy, PC)
„Essen."

4. Wer wärst du ohne diesen Gedanken? (Schließe die Augen und stell dir vor, wie du dich ohne diesen Gedanken fühlen würdest?)
„Ich wäre erleichtert, entspannt, ich könnte endlich mal durchschnaufen!"

Nun kehren wir den Gedanken um:
1. „Ich muss nicht für alle da sein. Das ist nur mein Anspruch an mich."
2. „Die anderen müssen für sich selbst da sein, denn so entwickeln sie ihr Potenzial."
3. „Ich muss für mich da sein."
   Starke Resonanz. Das tut sie kaum. Diese Umkehrung enthält mehr Wahrheit als der Originalgedanke.
4. „Alle anderen müssen für mich da sein."
   Das stimmte, denn ihr Mann war in einer Phase, als es ihr psychisch nicht gut ging, für sie da.

Wenn du mehr darüber wissen möchtest, empfehle ich dir das Buch von Byron Katie „Lieben, was ist". Du findest auch im Internet auf www.thework.com ausführliche Informationen über Byron Katie und ihre weltberühmte Methode.

Schluss mit Selbstsabotage!
Schließe Freundschaft mit dir selbst

Über die Macht der Gedanken, die Kraft der Gefühle und ihren Einfluss auf unser Handeln und unseren Erfolg habe ich im vorigen Kapitel ausführlich berichtet.

Lass uns nun einen Schritt weitergehen. Ich möchte mich in diesem Kapitel den inneren Saboteuren zuwenden. Das sind jene Gedanken, mit denen du dich selbst sabotierst, sodass du deine Vorhaben entweder gar nicht erst umsetzt, obwohl sie dir wichtig sind und du weißt, was du machen solltest, oder, wenn du startest, dich nach dem ersten Rückschlag selbst entmutigst, aufgibst und so deinen Erfolg verhinderst.

Du stehst sozusagen gleichzeitig mit einem Fuß auf dem Gas- und mit dem anderen auf dem Bremspedal. So kannst du nicht vorankommen!

Ich nehme das Abnehmen stellvertretend für viele andere Vorhaben als Beispiel.

Könnten diese Aussagen von dir stammen?

„Ich weiß ja, ich sollte abnehmen."

„Ich weiß alles übers Abnehmen. Ich weiß, wie's geht."

„Ich weiß, was ich machen müsste."

„Warum verschiebe ich es immer auf morgen, auf Montag, auf nach Weihnachten, aufs neue Jahr, ...?"

Alles, was du weißt, setzt du nicht um. Nicht, weil du zu dumm bist, nicht, weil du nicht willst, nicht, weil du nicht willensstark bist, nicht, weil du zu undiszipliniert bist, sondern weil jeder von uns innere Saboteure hat, die verhindern, dass wir das umsetzen, was uns guttut.

Wenn du schließlich doch endlich beginnst und nach dem ersten Anfangserfolg einen Rückschlag erleidest, gibst du sofort wieder auf und sagst dir selbst Dinge wie: „Ich hab ja gewusst, dass ich es nicht schaffe.", „Ich schaffe es nie!", „Es ist zum Verzweifeln!".

Wie fühlst du dich, wenn du so denkst? Geht es dir gut dabei?
Wie handelst du, wenn du so von dir denkst und dich als ewige/r Versager*in fühlst?
In den vielen Gesprächen mit Klientinnen, die ich auf dem Weg zum Wunschgewicht begleitet habe, habe ich diese Aussagen immer wieder gehört. Ich selbst kenne sie auch aus meinem „früheren" Leben. Du bist also nicht allein.

Aber keine Sorge! Wir kommen deinen inneren Saboteuren gemeinsam auf die Schliche. Es ist kein unumstößliches Gesetz, dass du scheiterst, wenn Widerstände in dir auftauchen. Lass dich von ihnen nicht fertig machen!
Widerstände gehören nun einmal zum täglichen Leben, wobei sie besonders dann auftreten, wenn wir uns aus der Komfortzone herausbewegen und Gewohnheiten verändern wollen, wie zum Beispiel Essgewohnheiten. Doch du kannst lernen, wie du erfolgreich damit umgehst! Ich zeige dir, wie du aus diesem Teufelskreis aussteigen und deine Gedanken zu deinen Verbündeten machen kannst.

Wie du bereits erfahren hast, bestimmen wir mit unseren Gedanken den Großteil unseres Lebens. Wir denken pro Tag ca. 80.000 Gedanken, davon bekommen wir über 95 Prozent gar nicht mit, weil sie im Hintergrund ablaufen. Sie befinden sich im Unterbewusstsein. Namhafte Wissenschaftler sprechen mittlerweile sogar von 97 Prozent unbewussten und nur drei Prozent bewussten Gedanken. Diese 97 Prozent steuern unser Leben, entscheiden über Erfolg oder Misserfolg.

Stell dir das wie bei einem Eisberg vor. Beim Eisberg ragt nur die Spitze aus dem Wasser und ist sichtbar, die größte Masse des Eisbergs befindet sich jedoch unter Wasser und ist daher für uns unsichtbar. Die unsichtbare Masse steuert den Eisberg, sie bestimmt, wo sich der Eisberg hinbewegt. Genauso funktioniert unser Unterbewusstsein. Dabei ist es ihm völlig egal, wie die gespeicherten Gedanken sind, ob sie destruktiv oder konstruktiv sind, ob sie dich bestärken und anspornen, oder ob sie voller Zweifel und Ängste sind und dich sabotieren und entmutigen.
Doch du kannst etwas daran ändern! Gerade, weil sich in deinem Unterbewusstsein so viele negative Gedanken befinden, kannst du viel erreichen, wenn du dir deiner sabotierenden Gedanken bewusst wirst, sie hinterfragst, gegebenenfalls aufgibst und ihnen mit positiven Gedanken entgegensteuerst.

Übung: Finde heraus, was du wirklich denkst

Richte deine Aufmerksamkeit auf deine Gedanken und finde heraus, was du denkst. Trage in dein Notizbuch ein, welche Gedanken in den letzten zwei Stunden vorherrschend waren.
Beantworte dazu bitte folgende Fragen:
Was denke ich?
Was denke ich über mich?
Was denke ich über das Leben?
Was denke ich über meine Mitmenschen; meinen Partner, meine Kinder, meine Kollegen usw.?
Was denke ich über meinen Körper?
Was denke ich über meine Umwelt?

Dann beantworte bitte die zweite Frage:
Was denkt es in mir?
Mit „es" sind Glaubenssätze und Überzeugungen gemeint. Manche davon sind dir bewusst, der Großteil davon vielleicht nicht.

Was ist ein Glaubenssatz und eine Überzeugung?

Ein Glaubenssatz ist eine unbewusste Lebensregel, die sich ganz automatisch einschaltet, wenn wir mit einem bestimmten Thema konfrontiert werden. Dabei ist es unerheblich, ob dieser Glaubenssatz wahr oder unwahr ist. Meistens ist er nämlich nicht wahr. Es ist dein Glaube daran, der ihn für dich wahr macht. Henry Ford hat dazu ein passendes Zitat geliefert: "Ob du glaubst du kannst etwas, oder du kannst etwas nicht – du hast immer recht."

Ich habe einige der negativsten Glaubenssätze zusammengefasst. Kommt dir der eine oder andere vielleicht bekannt vor?

- Das schaff ich nie!
- Das kann ich nicht!
- Andere sind viel besser als ich!
- Ich darf mich nicht blamieren!
- Ich darf nicht auffallen!
- Mich nimmt sowieso keiner ernst!
- Alles, was gut schmeckt, macht dick!
- So wie ich aussehe, mag mich keiner!
- Mit meinem Aussehen finde ich nie einen Mann/eine Frau!

Negative Glaubenssätze sind enorm wirksame Saboteure. Du kannst dir wünschen, was du willst: Wenn ein negativer

Glaubenssatz zu diesem Thema in deinem Unterbewusstsein gespeichert ist, wird sich dein Wunsch nicht erfüllen.

Nimm einmal den Glaubenssatz „Mit meinem Aussehen finde ich nie einen Mann!", oder – was ich lange gedacht habe – „Männer mögen keine Powerfrauen". Was glaubst du, wird passieren, wenn du als starke, erfolgreiche Frau mit diesem Glaubenssatz einen Partner suchst?

Vielleicht begreifst du nun, warum in deinem Leben einige Dinge nicht funktionieren.

Es sind deine bewussten und unbewussten Glaubenssätze, mit denen du deinen Erfolg blockierst.

Neben den Überzeugungen, die uns begleiten, und die uns mehr oder weniger bewusst sind, gibt es noch einen weiteren starken Einfluss auf unser Leben.

Was sind Prägungen?

Wir alle werden von klein auf durch unsere Eltern, Geschwister, Großeltern, Freunde, Lehrer und durch unsere Erfahrungen und Erlebnisse geprägt. Wir nahmen als Kinder ungefiltert für bare Münze, was uns vorgelebt, gesagt, eingetrichtert und gelehrt wurde. Und was wir mit fünf Jahren für wahr gehalten haben, das befolgen wir noch mit 50. Wir halten uns an Vorschriften und Regeln, die für uns längst nicht mehr stimmen.

Besonders Aussagen wie:
- Das kannst du nicht.
- Du hast zwei linke Hände.
- Aus dir wird nie etwas.
- Du bist dumm!
- Du bist hässlich!

bremsen und blockieren uns im späteren Leben. Im Kapitel zum Spiegelgesetz gehe ich näher darauf ein, wie du blockierende Glaubenssätze finden kannst und verrate dir ein Rezept, wie du deine negativen Gedanken entmachten und umprogrammieren kannst.

Denk immer dran:
- Unsere bewussten Gedanken wirken stärker als die unbewussten.
- Wir können immer nur einen Gedanken gleichzeitig denken.

Wenn dir also auffällt, dass du gerade denkst:
„Das kann ich nicht" oder „Das schaff ich nicht", drücke sofort auf die Stopp-Taste und denke dir:
„Das kann ich noch nicht."
„Das schaffe ich noch nicht."
„Ich bin bereit, es zu lernen."

Übung: Was willst du und was sollst du?

Die meisten Menschen werden von Dingen gesteuert, die sie tun SOLLEN, nicht von denen, die sie tun WOLLEN. Das zu wissen, ist wichtig! Oft wird von außen – durch die Eltern, den Partner, den Arzt, die Chefin – verlangt, dass du z.B. abnehmen sollst. Der Druck von außen hilft dir meistens nicht – und sei er noch so begründet und gut gemeint. Das alles bringt dich nicht wirklich ins Tun.
Erfolg hast du nur, wenn DU abnehmen willst. Ich sage bewusst „willst" und nicht nur „möchtest".

DU musst bereit sein und dich dazu bekennen! Du musst dir selbst ein Versprechen geben, das du strikt einhältst. Dazu lade ich dich gleich zu drei Übungen ein, die ich selbst ausprobiert habe und zu denen mich Barbara Jascht inspiriert hat. Darin finden wir heraus, was du sollst und was du wirklich willst.

Teil 1:
Dein Weg vom Sollen zum Wollen
Notiere fünf Möglichkeiten, indem du folgenden Satz beendest: „Ich sollte..."
Beispiel: „Ich sollte mir mehr Zeit für Bewegung nehmen."
Jetzt bist du dran:

„Ich sollte..."
„Ich sollte..."
„Ich sollte..."
„Ich sollte..."
„Ich sollte..."
„Sollte" ist ein Wort, das dich behindert. Jedes Mal, wenn du es benutzt, sagst du in Wirklichkeit „falsch" und hast ein schlechtes Gewissen und Schuldgefühle. Und jedes Mal wird der Druck stärker und du kannst „ich sollte" weniger erfüllen.

Teil 2:
Ändere die Sätze aus dem ersten Teil der Übung um: „Wenn ich wirklich wollte, könnte ich ..."
Beispiel: „Wenn ich wirklich wollte, könnte ich mir Zeit für Bewegung nehmen."
Jetzt du:
„Wenn ich wirklich wollte, könnte ich..."
„Wenn ich wirklich wollte, könnte ich..."
„Wenn ich wirklich wollte, könnte ich..."
„Wenn ich wirklich wollte, könnte ich..."
„Wenn ich wirklich wollte, könnte ich..."

Dieses "Wollte" macht dir klar, dass dein Handeln von deinem Willen, von deiner Entscheidung, abhängt.

Teil 3:
Nimm dir jeden Satz noch einmal vor. Sprich ihn so aus, als ob du ihn zu einer Partnerin sagen würdest. Nach jedem Satz frage dich: „Und warum tue ich das nicht?"
Sei ehrlich zu dir und notiere dir deine Antworten.
Beispiel: „Warum nehme ich mir nicht Zeit für Bewegung?"
Antwort: „Weil ich bequem bin und mir Bewegung keinen Spaß macht."

(Inspiriert von Barbara Jascht, Seminar mindset intensive week)

Finde dein Warum und leg los!

Finde heraus, **warum** du etwas erreichen **willst**. Was sind **deine** Beweggründe?
Bleiben wir beim Beispiel Abnehmen. Sehr oft ist es ein bestimmter Termin, an dem du besonders gut aussehen möchtest, und der dich anspornt, einige Kilos abzunehmen: Die Hochzeit der Tochter, die Jubiläumsfeier in der Firma, bei der du eine Rede halten sollst, der Sommerurlaub, bei dem du am Strand eine gute Figur machen willst, etc.
Ziele, die du zu einem bestimmten Zeitpunkt erreichen willst, helfen dir beim konsequenten Durchhalten. Auch Ziele wie z.B. beim Bergsteigen nicht mehr so leicht außer Atem zu kommen, oder beim Tanzen nicht so zu schwitzen, motivieren dich.

Bei mir ist heute der Wunsch, gesund zu bleiben und fit und vital im Alter zu sein, ein äußerst wichtiger Grund, mich bewusst gesund zu ernähren und Süßigkeiten eher zu meiden. Heute, nachdem ich 20 Kilo abgenommen habe, kaufe ich nur noch selten

Süßigkeiten ein, weil ich überhaupt kein Verlangen mehr danach habe. Das beweist: Wenn du dein neues Essverhalten erst einmal eine Zeit lang einhältst, wird es zu einer neuen Gewohnheit. Manches wirst du sogar ein Leben lang beibehalten.

Es bedarf eines wichtigen Grundes, warum du ein Ziel erreichen willst und deiner Bereitschaft, es wirklich zu tun.

Am Anfang steht also immer dein ganz persönliches „Warum"!

Mit der Einstellung „Wollen täte ich schon gern, aber ich schaff es nicht, ich werde halt immer wieder schwach", gelingt es dir sicher nicht. Du musst dir selbst ein Versprechen geben, das du unbedingt einhältst. Mach es schriftlich, setz einen Vertrag auf, unterschreibe ihn und setze auch das Datum ein, bis wann du durchhalten willst.

Die verheerendsten Saboteure befinden sich in deinem Inneren. Ich zeige dir, wie du dich selbst unterstützen kannst und leichter deine Ziele erreichst.

Übung: Wie gehst du mit dir selber um?

Beantworte folgende Fragen einmal ehrlich mit „ja" oder „nein".
Kritisierst du dich oft selbst?
Zweifelst du an dir und stellst alles, was du tust, in Frage?
Bemitleidest du dich, weil dir das Leben schlechte Karten gegeben hat?
Haderst du mit deinem Aussehen oder deinem Gewicht und lehnst dich selbst deswegen ab?
Wertest du dich durch destruktive Selbstgespräche ab?

Stopp!

Es ist nicht egal, wie du über dich denkst, und wie du mit dir sprichst!

Wie du bereits erfahren hast, ziehst du nach dem Resonanzgesetz dementsprechende Situationen und Lebensumstände an.

Wir selbst sind unser größter und mächtigster Saboteur. Die Art, wie wir mit Veränderungen umgehen, wie wir Fehler, die uns dabei passieren, kommentieren, ist hauptverantwortlich dafür, ob uns Vorhaben gelingen, und ob wir unsere Ziele erreichen. Speziell bei Ausrutschern und Rückschlägen lassen sich viele von ihren Gedanken entmutigen. Bei manchen Schwierigkeiten wird gar nicht erst der Versuch unternommen, sie zu meistern, weil eine innere Stimme sich meldet und sagt:

„Das schaff ich sowieso nicht. Das ist viel zu schwer."

Es gibt drei tückische Gedankenfallen, in die wir bewusst und noch mehr unbewusst immer wieder tappen:

- **Das Schwarz-Weiß-Denken: Alles oder nichts**

Entweder wir machen alles richtig, oder wir machen es gar nicht. Wir sind in etwas perfekt oder Versager.

Abnehmen ist ein Prozess mit Höhen und Tiefen, bei dem Fehler ganz normal sind und einfach passieren. Ein Fehler ist nur ein Fehler. Aus Fehlern können wir lernen und es beim nächsten Mal besser machen. So ist ein Fehler in Wirklichkeit eine Chance, uns weiterzuentwickeln.

- **Verallgemeinerungen:**

Worte wie „alles", „immer", „keiner", „nie" sind ein sicheres Zeichen dafür, dass wir nicht realistisch denken:

Beispiel: Wenn du einmal bei einer Einladung zu viel gegessen hast, heißt das nicht, dass du **immer** bei solchen Anlässen zu viel essen wirst, und es daher **nie** schaffen wirst, schlank zu werden.

- **Übertreibungen und Einseitigkeit:**

So werden Fehler überbewertet und gleichzeitig Erfolge übersehen. Angenommen, du hast an sechs Tagen der Woche gegessen wie geplant und an einem Abend bist du entgleist und hast zu viel gegessen. Was bewertest du mehr?
Worauf richtest du deinen Fokus? Konzentrierst du dich auf die Mahlzeiten, die völlig in Ordnung waren oder auf die eine, die nicht in Ordnung war?
Aus meiner Erfahrung weiß ich, dass die meisten die eine missglückte Mahlzeit überbewerten und dabei ignorieren, dass sie es sechs Tage lang gut gemacht haben. Auch ich habe früher so gedacht.
Es sind aber nicht nur innere Saboteure, die einem das Leben schwer machen. Es existieren auch noch die äußeren Saboteure.

Äußere Saboteure

Nehmen wir einmal die äußeren Saboteure genau unter die Lupe. Ich zeige dir Strategien, wie du sie erkennen, ihnen begegnen und sie unschädlich machen kannst.
Was verstehen wir unter äußeren Saboteuren?
Das sind die Menschen in deinem Umfeld, die dich entmutigen, runterziehen, kleinmachen und dir Hindernisse in den Weg legen. Kurzum solche Menschen, die dich bei deinem Vorhaben bremsen und dir Energie und Kraft rauben.

Ich will dir ein paar Beispiele nennen:
Stell dir vor, du erzählst einer Freundin, dass du endlich etwas gegen dein Übergewicht unternimmst und es dir mit deinem Vorhaben ernst ist. Statt dich zu unterstützen, sagt sie: „Das hast du schon so oft gesagt. Und dann ist nichts daraus geworden. Du wirst sehen, du schaffst es wieder nicht."

Stell dir vor, du hast schon einige Kilos abgenommen, fühlst dich wohl und bist stolz auf deinen Erfolg. Da triffst du eine Bekannte, die du schon länger nicht gesehen hast. Statt dir Komplimente über dein Aussehen und deine Figur zu machen, äußert sie sich. „Sie schauen aber schlecht aus. Sind Sie vielleicht krank?"
Bewusst oder unbewusst behindern diese äußeren Saboteure mit Worten und/oder Taten deinen Erfolg. Ich bin sicher, dass es auch in deiner Umgebung einige von diesen äußeren Saboteuren gibt. Hab ich recht?

Welche Saboteure gibt es?
- Die Entmutiger: Das sind Menschen, die dich ständig runterziehen, indem sie Dinge sagen wie: „So ein Quatsch!", „Das bringt dir doch nichts!", „Das ist alles Blödsinn!", „Das schaffst du nie!"
- Die Nörgler: Dabei handelt es sich um Menschen, die an allem etwas auszusetzen haben. Solche Menschen entziehen dir durch ihre Negativität Kraft und Energie.
- Die Klugscheißer: Sie wissen alles, kennen jede Diät, den neuesten Ernährungstrend und wissen genauestens über Sport und Bewegung Bescheid. Und das teilen sie dir ständig mit.
- Die Neider: Diese Menschen beneiden dich und ertragen es nicht, dass du mehr Beachtung bekommst. Deshalb sabotieren sie dich, indem sie dir z.B. Sachen zum Essen anbieten, die derzeit nicht gut für dich sind, um dich vom rechten Weg abzubringen. Mit Ausssagen wie „Heute kannst du ja eine Ausnahme machen", „Einmal ist keinmal", „Sei nicht so fad", untergraben sie deine Disziplin.
- Zu guter Letzt gibt es noch Menschen, die es zwar gut mit dir meinen, dich jedoch trotzdem sabotieren wie z.B. meine Tante Hansi, die immer die

herrlichsten Mehlspeisen auftischte, wenn ich sie besuchte: „Das kann dir doch nicht schaden" oder „Essen hält Leib und Seele zusammen", waren ihre ehrlichen Überzeugungen.

Was kannst du nun gegen äußere Saboteure tun?
Nicht immer handelt es sich bei den Saboteuren um Menschen, die uns bewusst schaden wollen. Im Gegenteil: Manche meinen es durchaus gut mit uns und handeln in bester Absicht. Manche wollen jedoch vereiteln, dass wir unser Ziel erreichen.
Du wirst diese Saboteure nicht ändern, das musst du auch nicht. Wichtig ist, wie du auf ihre Sabotageversuche reagierst. Erkenne die Saboteure und mache sie durch folgende Strategien unschädlich.

- Geh ihnen aus dem Weg und/oder verbringe nicht allzu viel Zeit mit ihnen.
- Schalte deine Ohren auf Durchzug und höre ab und zu einfach weg.
- Sprich die Sache offen an und ersuche um Unterstützung.
- Tritt für dich und deine Bedürfnisse ein.
- Sage „nein".

Ein Gespräch mit einem Saboteur könnte deinerseits so beginnen: „Ich bitte dich, mich zu unterstützen, indem du mich nicht zum Essen verleitest, weil du es mir damit unnötig schwer machst. Es kränkt mich, dass du kein Verständnis für mich hast, weil du es mir dadurch beinahe unmöglich machst, etwas für meine Gesundheit und mein Wohlbefinden zu tun."
Sage einfach „Nein, danke!". Mit diesem „Nein" bekräftigst du, dass du zu dir und deinem Ziel stehst und dich keinesfalls davon abbringen lässt.

Übung: Entlarve äußere Saboteure in deinem Umfeld

Erstelle eine Liste mit den Namen von Menschen in deinem Umfeld, die deinen Erfolg immer wieder sabotieren und leg dir eine Strategie zurecht, wie du es verhindern kannst.
Leg dir auch eine Namensliste von Menschen an, die dich gerne bei deinem Vorhaben unterstützen.
Denn Sabotage und Entmutigung von außen können zu einer inneren Mutlosigkeit und Frustration führen. Und das vereitelt oft deinen Erfolg. Hingegen trägt jeder, der uns unterstützt und motiviert, dazu bei, dass wir es leichter schaffen.

Wie du lernst, Nein zu sagen

Vielen Menschen und vor allem Menschen mit Gewichtsproblemen fällt es schwer, ein klares „Nein" auszusprechen. Das habe ich früher in meinem eigenen Leben und in vielen meiner Kundengespräche immer wieder festgestellt. Solche Menschen sagen oft vorschnell „ja" zu anderen, auch wenn sie lieber „nein" sagen würden. Dadurch sind sie unzufrieden und Unzufriedenheit führt oft zu vermehrtem Essen.

Beispiele:
Barbara hat sich auf einen gemütlichen Sonntag zu Hause gefreut, um endlich einmal ausspannen zu können. Ihre Tochter ruft am Freitag an: „Mutti, kannst du am Sonntag bitte auf die Kinder aufpassen?" Barbara denkt bei sich, dass sie eigentlich etwas vorhätte, sagt aber: „Ja, natürlich, gern mach ich das!"
Sandras Mutter ruft an und fragt, ob Sandra am Nachmittag vorbeikommen kann, um ihr beim Aufhängen der Vorhänge zu helfen.

Obwohl Sandra sich eigentlich mit einer Freundin treffen wollte, sagt sie zu und ärgert sich, weil sie ihrer Mutter schon oft geraten hat, sich eine Haushaltshilfe zu nehmen.

Warum fällt es uns so schwer, ein klares „Nein" auszusprechen? **Klar** heißt in diesem Zusammenhang, dass wir genau das, was wir meinen, auch sagen.

In solchen und ähnlichen Situationen sind alte Muster aus der Vergangenheit/Kindheit, Glaubenssätze und Ängste im Spiel, die verhindern, dass wir sagen, was wir denken.
„Die anderen sind wichtiger als ich."
„Wenn ich mich wichtig nehme, werde ich abgelehnt und nicht geliebt."
„Das gehört sich so. Was würden denn die anderen sagen."
Du merkst: Es geht immer um die anderen und nicht um dich. Das ist falsch!
Denn DU bist der wichtigste Mensch in deinem Leben.
Ein „Nein" zu anderen ist ein „Ja" zu dir!

Wir können in unserem Leben positive und negative Aspekte durch unser Denken verstärken. Wenn du den positiven Ereignissen und Situationen bewusst mehr Aufmerksamkeit schenkst und dich darüber freust, wird das Positive in deinem Leben zunehmen, und du wirst dich und dein Leben dadurch positiv verändern.

Achte in Zukunft deshalb besonders auf deinen inneren Dialog. Ermutige dich durch Aussagen wie:
„Das habe ich wirklich gut gemacht."
„Das klappt schon viel besser."
„Ich bin stolz auf mich."
„Das ist echt super."

Und sei bei einem Ausrutscher nicht so streng mit dir selbst, indem du sagst:
„Schwamm drüber!"
„Ich mache einfach weiter!"
„Ich hab schon so viel geschafft, das schaff ich auch noch!"
„Kopf hoch!"

Ich rate dir, die Fernglasmethode anzuwenden, das mache ich seit vielen Jahren. Bei Erfolgen und schönen Ereignissen nutze ich den Vergrößerungseffekt, bei Misserfolgen, unangenehmen Dingen oder Fehlern dreh ich das Fernglas einfach um. Dadurch erscheint alles Negative kleiner.
Wenn du deine Fantasie so nutzt, positive Dinge hervorzuheben, bist du schon auf dem Weg zu einem glücklicheren Leben.
Indem du dich akzeptierst, so wie du bist, mit Stärken und auch Schwächen, mit Ecken und Kanten, wird die Selbstverurteilung abnehmen und die Selbstliebe in dir wachsen und zunehmen.

Sei selbst dein bester Freund

Alles beginnt mit deiner Selbstakzeptanz.
Aber was ist eigentlich Selbstakzeptanz?
Es ist die innere Haltung dir selbst gegenüber. Sie besteht darin, eine Freundschaft mit dir selbst einzugehen und dich zu mögen, auch wenn manche Eigenschaften und Verhaltensweisen an dir verbesserungswürdig sind. Es bedeutet, dass du dich unterstützt und dir Gutes tust, wenn du dich für zu dick, zu ungeschickt, zu schüchtern oder zu unattraktiv hältst.
Menschen, die sich selbst annehmen und akzeptieren können, sind ihre eigenen guten Freunde.
Menschen, die sich gut annehmen können, sprechen mit sich selbst wie mit einem guten Freund. Sie trösten sich, sie zeigen

Verständnis für sich, sie ermutigen sich, sie loben sich und sie sind stolz auf sich.

Übung: Wie du deine positiven Seiten erkennst

Schreib alles auf, was du gut kannst, und was du in deinem Leben schon alles geschafft hast. Such dir drei Dinge davon aus, auf die du echt stolz bist, und schreibe sie auf drei Post-its. Klebe sie anschließend auf den Badezimmerspiegel, auf den PC oder an einen anderen Ort, an dem du sie garantiert wahrnehmen wirst.
„Ich kann gut zuhören."
„Ich bin hilfsbereit."
„Ich kann anderen Mut machen."
„Ich kann gut organisieren und haushalten."
"Ich bin kreativ und ich habe viel Fantasie."
Auf diese Weise stärkst du dich, weil du dir deine positiven Seiten vor Augen führst.

So schließt du Freundschaft mit dir selbst

Was ist ein guter Freund?
Jemand, der dich aufmuntert, wenn es dir schlecht geht. Der dich unterstützt, wenn du nicht mehr weiterweißt. Der dich ermutigt. Der dich mag, so wie du bist.
Eine gute Freundin/ein guter Freund spricht liebevoll, freundlich und wohlwollend mit dir.
Wenn du dir selbst ein guter Freund sein willst, geht es darum,...
...dir selbst nette Sachen zu sagen.
...dich bei Herausforderungen zu ermutigen.
...dir wertschätzend zu begegnen.

...dir Fehler zu vergeben.
...dich zu trösten und in die Arme zu nehmen.
...liebevoll mit deinen Eigenheiten umgehen zu können.
...über dich selbst lachen zu können.

Ich empfehle dir, den richtigen Umgang mit deinen äußeren und inneren Saboteuren zu lernen und zu üben. Manches wird dir schnell gelingen, manches vielleicht nicht.
Hab Geduld mit dir! Lass dich nicht entmutigen, denk daran, es ist noch kein Meister vom Himmel gefallen und wir alle sind Meister, die üben. Schließlich lernt man/frau Autofahren auch nicht an einem Tag – wie ich aus eigener Erfahrung nur zu gut weiß.

Das Spiegelgesetz
Erkenne dich selbst im Spiegel des Lebens

Ich lade dich ein, einen Blick in den Spiegel zu wagen.
Und zwar nicht, um wie die böse Königin im Märchen Schneewittchen zu erfragen, wer wohl die Schönste im ganzen Land sei, sondern um zu erkennen, wie du gerade aussiehst.
Wenn dir dein Aussehen nicht gefällt, weil dir die Haare gerade zu Berge stehen und du blass und müde aussiehst, kannst du sofort eine Änderung herbeiführen, indem du zur Haarbürste greifst, dich frisierst und mit Lippenstift und Make-Up Farbe in dein blasses, abgespanntes Gesicht bringst. Danach zeigt der Spiegel ein verändertes, schöneres Bild von dir. Wenn du griesgrämig in den Spiegel schaust, kannst du kein lachendes Gesicht sehen. Erst wenn du lächelst, zeigt der Spiegel auch ein lächelndes Bild von dir.

Wenn du dir nun weiter vorstellst, dass du in den Spiegel deines Lebens blickst, siehst du die Menschen um dich herum, du siehst Situationen, in denen du dich befindest, und du siehst deine derzeitigen Lebensumstände. Stell dir nun vor, dein Leben ist ebenfalls ein Spiegel, in dem du Wichtiges über dich erkennen kannst. Wenn du deinen Lebensspiegel betrachtest, siehst du Menschen um dich herum, deinen Partner, die Kinder, deine Eltern, Kollegen und Freunde. Du siehst die Situationen, in denen du dich befindest und deine derzeitigen Lebensumstände wie z.B. den Zustand deines Körpers.

Sehr oft gefällt dir in deinem Leben etwas nicht. Es stört dich, was du erlebst. Du leidest, hättest es gerne anders. Auch hier kannst du nur etwas verändern, wenn du etwas an dir selbst

veränderst. Sonst kannst du lange darauf warten, dass sich etwas ändert. Denn ich sage dir ganz forsch: Du brauchst ein Spiegelbild, um etwas Wichtiges über dich zu erkennen.
Was kannst du in so einem Fall machen?
Du meinst, du kannst gar nichts machen, denn du bist ja in Ordnung? Nur dein Partner, dein Chef, dein Kollege ist so ein Ekelpaket? Der soll sich gefälligst ändern?
Genau das ist ein Trugschluss!

Bevor ich dir genau erkläre, was es mit dem Spiegelgesetz auf sich hat, erzähle ich dir, wie ich zum Spiegelgesetz kam und welche leidvolle Erfahrung dem vorausging.
Spät, aber doch, entschloss ich mich im Jahr 2000 mit 56 Jahren dazu, den Führerschein zu machen. Ich meldete mich zu einem dreiwöchigen Sommerkurs im Waldviertel an und war unter lauter 17-und 18-Jährigen die einzige „Alte". Außerdem hatte ich null Ahnung vom Autofahren, war ich doch bisher nur Beifahrerin gewesen. Die Theorie zu lernen, war kein Problem für mich, das machte mir sogar Spaß. Die technische Prüfung mit dem Computer bestand ich dementsprechend sofort. Mit dem Fahren hatte ich allerdings meine Schwierigkeiten. Ich glaube, ich war die Einzige, die keinerlei praktischen Vorkenntnisse hatte. Mit schlotternden Knien ging ich zu jeder Fahrstunde. Es erschien mir wie ein Wunder, dass ich die Führerscheinprüfung beim ersten Mal bestand. Autofahren konnte ich jedoch trotz Führerscheins mehr schlecht als recht. Deshalb wollte ich die fehlende Fahrpraxis mit meinem Mann als Beifahrer erwerben.

Was soll ich dir sagen? Es war die schlimmste Zeit in meiner bis dahin harmonischen Ehe. Werner kritisierte mich dauernd, nichts konnte ich richtig machen, und er verunsicherte mich total, sodass ich einen Murks nach dem anderen fabrizierte. Dann reagierte er genervt, wurde wütend und ich brach in Tränen aus. So ging es uns bei jeder Übungsfahrt. Er entpuppte sich als wütendes Ungeheuer, ich als heulendes Elend. Das war wirklich schlimm und ich litt sehr darunter.

Ich stand das Ganze zwar durch und wurde letztendlich eine ganz passable Autofahrerin, aber die gemeinsamen Fahrstunden hätten fast zum Ende meiner Ehe geführt. Als ich einer Bekannten von dieser leidvollen Erfahrung erzählte, erklärte sie mir: „Siehst du das nicht? Dein Mann ist dein Spiegel. Er zeigt dir, wie es in dir aussieht, und was du dir endlich erlauben solltest. Seine Wut zeigt dir, dass du auch manchmal gern wütend wärst, es dir jedoch verbietest. Deine Tränen spiegeln ihm, dass er Gefühle zulassen und zeigen soll". Sie erzählte mir außerdem, dass sie vor ein paar Wochen an einem Spiegelgesetz-Workshop bei Christa Kössner, der Urheberin der nach ihr benannten Spiegelgesetz-Methode, teilgenommen hatte und total begeistert davon war. Ich verstand nur Bahnhof, war aber so neugierig auf das geheimnisvolle Spiegelgesetz, dass ich mich zum nächsten Workshop bei Christa Kössner anmeldete.

Was ich bei diesem Workshop über meinen Mann als meinen Spiegel herausfand, war phänomenal und veränderte unsere Partnerschaft auf unglaubliche Weise. Ich kann es nur als magisch bezeichnen.

Allein schon die Situation, in der der Spiegel auftrat, war interessant. Ich machte den Führerschein, wodurch ich das Steuer meines Lebens wortwörtlich selbst in die Hand nahm. Das führte in meiner bis dato harmonischen Partnerschaft zu Problemen. Verständlich, denn bisher hatte immer nur mein Mann das Steuer fest in der Hand gehabt. (Kleine Bemerkung nebenbei: Das alles ist mir erst viel später bewusst geworden.)
Das Spiegelgesetz war DER Wendepunkt in meinem Leben!

Ich war so fasziniert von dieser Methode und davon, wie einfach und wie schnell man/frau damit im Spiegel erkennen kann, worum es wirklich bei einem Thema geht. Nachdem ich an mehreren Spiegelgesetz-Workshops teilgenommen hatte und es jedes Mal ein Aha-Erlebnis für mich war, lösten sich meine Probleme, die ich mit anderen hatte, auf wunderbare Weise auf und ich wurde immer leichter und freier – immer mehr ICH. Diese Methode wollte ich lernen und so machte ich im Herbst 2000 die Ausbildung zum Spiegelgesetz-Coach bei Christa Kössner. Zwei Jahre später absolvierte ich die Ausbildung zur Mentaltrainerin an der Tepperwein-Akademie. Damit machte ich mich selbstständig und ging beruflich meinen eigenen Weg.

Ich schrieb zwei Bücher über das Thema Übergewicht als Spiegel, die unter dem Titel „Leicht und frei" und „Leicht und frei. Das Praxisbuch" veröffentlicht wurden und viele Leser*innen erreichten. Das alles entwickelte sich nach und nach. Seit 20 Jahren arbeite ich nun als Expertin für das Spiegelgesetz und als Mentaltrainerin. Ich habe vielen Klient*innen geholfen, ihre Probleme mit Hilfe des Spiegelgesetzes zu lösen und die Geschenke zu finden, die auch im unangenehmsten Spiegel versteckt sind. Von vielen habe ich ein Feedback über Erfolgserlebnisse erhalten, was mir zeigt, dass das Spiegelgesetz auch bei anderen wirkt. Sicher auch bei dir!

Dein Lebensspiegelbild verändert sich nur, wenn du – so wie beim Blick in den Badezimmerspiegel – zuerst etwas an dir etwas veränderst, wenn dir dein Spiegelbild nicht gefällt. Der Spiegel deines Lebens gibt dir zu erkennen, was an beziehungsweise in dir schon lange Zeit nicht mehr stimmt. Es ist eine Aufforderung des Lebens, dich, deine Gedanken, deine Geisteshaltung, deine Überzeugungen in einem bestimmten Bereich deines Lebens zu ändern.

Du siehst, welche geistige Einstellung und Überzeugung du hast, mit denen du gewisse Menschen anziehst, in bestimmte Situationen gerätst, z.B. ständig in Eile bist, keine Zeit hast oder dein Körper übergewichtig ist. Der Spiegel zeigt dir deutlich, dass in deinem Leben manches zu kurz kommt und du aus dem Gleichgewicht geraten bist. Er macht dich aufmerksam auf Talente und Stärken, die du hast, aber nicht lebst, weil alte, überholte Programme und Muster dich daran hindern.

Mit dem Spiegelgesetz ist es relativ einfach, diese Eigenschaften ausfindig zu machen, dein altes Programm zu erkennen, zu löschen und ein neues Programm zu installieren, das zu dir passt. Das will ich dir in diesem Kapitel erklären und verständlich machen.

Wir alle kennen Menschen, Situationen und Lebensumstände, denen wir lieber aus dem Weg gehen würden und die uns so richtig auf die Palme bringen:

- Der Arbeitskollege ist unzuverlässig und schlampig.
- Eine Freundin kommt immer wieder zu spät zum vereinbarten Treffpunkt.
- Die Tochter stellt sich taub und ignoriert alle Anordnungen.
- Der Partner ist egoistisch und rechthaberisch.
- Die Schwiegermutter mischt sich ständig in alles ein.
- Im Job wird schon wieder ein anderer bevorzugt.

Kennst du einige davon?

Viele Umstände scheinen wir magisch anzuziehen und überallhin mitzunehmen. Wenn der Nachbar ständig lärmt und wir deshalb sogar umziehen, treffen wir an einem anderen Ort wieder auf einen Nachbarn, der ständig lärmt. Auch die dritte Beziehung scheitert, wir kommen ständig an den falschen Mann bzw. die falsche Frau. Nach einem Jobwechsel treffen wir wieder auf einen cholerischen Chef und einen unzuverlässigen Kollegen. Es gibt scheinbar kein Entrinnen.

Besonders nach immer wiederkehrenden Situationen beginnen wir verzweifelt zu fragen: „Warum passiert das immer mir?". Diese Frage bringt uns jedoch nicht weiter. Die Frage: „WOZU passiert mir das?", hilft uns hingegen sehr wohl.

Ich sage dir, das ist ein klarer Fall für das Spiegelgesetz!
Ganz egal, worum es sich handelt: Der cholerische Chef, die unpünktliche Freundin, der unzuverlässige Kollege, die rebellische Tochter, der faule Sohn, der egoistische Partner, das lästige Übergewicht, die Kreuzschmerzen, ja sogar ein Autoschaden – sie alle sind Spiegel, in denen wir Wichtiges über uns erkennen können.

Das ist für viele neu, vielleicht auch für dich. „Mein unzuverlässiger Kollege soll mein Spiegel sein?", fragst du ungläubig. „Nie und nimmer!" Glaub mir, auch ich hatte anfangs meine Schwierigkeiten mit dieser Sichtweise. Heute weiß ich, in jedem noch so unangenehmen Gegenüber sind wunderbare Geschenke für uns versteckt, und ohne dieses Gegenüber könnten wir sie nicht finden.

Die anderen und ich

Ein endloses Thema, das du sicher auch aus deinem eigenen Leben kennst.

Unsere Mitmenschen können uns ganz schön aus der Fassung bringen. Schwierige Situationen und Lebensumstände, die sich oft wie ein roter Faden durch unser Leben ziehen, lassen uns nicht kalt.
Denkst du auch manchmal, dass es dir viel leichter fallen würde, glücklich und zufrieden zu sein, wenn du allein auf einer Insel leben würdest?

Erst wenn wir Kontakt zu anderen Menschen haben, wird es kompliziert, dann nerven uns mitunter deren Eigenschaften und Verhaltensweisen. Es geht uns nicht gut, wir leiden. Je nach Temperament werden wir wütend und ärgern uns, sind frustriert und mutlos, streiten und schlagen um uns oder schmollen und ziehen uns gekränkt und beleidigt zurück. Kommt dir das bekannt vor?

Übung: Worauf hast du keinen Bock mehr?

Nimm dir Zeit und dein Notizbuch zur Hand. Setz dich auf deinen Lieblingsplatz. Wenn du magst, richte dir eine Schale guten Tee her. Atme ein paarmal tief ein und wieder aus. Entspann dich. Und nun stell dir selbst einmal folgende Fragen:

Wer drückt deine Knöpfe und bringt dich dadurch emotional aus dem Gleichgewicht?
Was willst du nicht länger hinnehmen?
Worauf hast du keinen Bock mehr?
Wie lässt du dich behandeln?
Wie behandelst du dich?

Sieh es einmal so: Nur im Zusammenleben mit anderen können wir erfahren, wie es in uns aussieht und welche Bereiche unseres Lebens geheilt und verändert werden dürfen. Ohne die anderen, die uns als Spiegel dienen, könnten wir uns selbst nicht erkennen und nicht weiterentwickeln.

Wie reagieren wir normalerweise auf unangenehme Mitmenschen? Wir fühlen uns als Opfer. Denn natürlich sind immer die anderen schuld. „Die verhalten sich falsch!", „Die sind nicht in Ordnung!". Wenn die sich ändern würden, ginge es uns sofort wieder gut.

Solange wir so denken, sind wir in der Opferrolle gefangen und fühlen uns ziemlich machtlos.

Doch ändert sich der andere? Vielleicht kurzfristig, meist jedoch nicht. Wie oft habe ich früher meinem Sohn gesagt: „Räum dein Zimmer auf! Bei dir erstickt man ja im Chaos!" Hat es geholfen? Wenig! Spätestens nach ein paar Tagen sah es in seinem Zimmer wieder wie nach einem Bombeneinschlag aus.
Können wir den anderen überhaupt ändern? Ein klares Nein!

Die einzige Person, die wir wirklich ändern können, sind wir selbst!

Solange wir uns als Opfer sehen und anderen die Schuld geben, wird sich nichts an unseren Lebensumständen ändern. Was auf den ersten Blick vielleicht negativ klingt, ist ein großes Geschenk, denn das bedeutet eines: Wir sind keine Opfer, im Gegenteil! Wir sind machtvolle Schöpfer, die mit der Macht ihrer Gedanken und der Kraft ihrer Gefühle ihr Leben und ihre Lebensumstände selbst erschaffen können.

Selbstmitleid und das Verharren in der Opferrolle helfen uns nicht weiter. Selbstverantwortung für uns und das eigene Leben zu übernehmen jedoch schon. Jeder kann sein Leben zum Positiven verändern, indem er aus der Opferrolle aussteigt und Verantwortung für sich und sein Leben übernimmt.
Verantwortung übernehmen heißt, das Lenkrad des Lebens selbst in die Hand zu nehmen. So wie ich es mit 56 Jahren auch in der Realität gemacht habe. Aus der Opferrolle aussteigen bedeutet, von der Spielfigur zum Spieler zu werden.

Kannst du dich noch an das Beispiel mit dem Badezimmerspiegel vom Anfang des Kapitels erinnern? Jetzt fahre ich fort damit.
Das Spiegelbild hat sich verändert, weil du etwas an dir verändert hast.

Du hast dich verändert. Du hast etwas in dir geändert.
Du hast nicht den Spiegel frisiert oder geschminkt, sondern dich.

Und genau das ist notwendig, wenn du auf Menschen triffst, an denen dir etwas missfällt, über die du dich aufregst, oder unter denen du leidest. Erinnere dich daran, es sind deine Spiegel!
Immer dann, wenn du emotional reagierst, wenn du dich ärgerst und wütend bist, wenn du genervt oder gestresst bist, dich aufregst oder dich kränkst und beleidigt bist, darfst du etwas verändern – und zwar in dir! Der andere ist nur der Spiegel, der dir zeigt, dass etwas in dir nicht geheilt ist. Solange das nicht geheilt ist, schickt dir das Leben immer wieder Menschen oder Ereignisse, die dich triggern. Es bietet dir dadurch eine Chance, genau hinzuschauen und etwas Wichtiges über dich zu erkennen und zu verändern.

Wie jemand handelt, ist seine Sache.
Wie du reagierst, ist deine Sache.

Im Spiegelkabinett des Lebens
Das bin ja ich!

Alles im Leben dient dir als Spiegel, damit du dich selbst erkennen kannst.
Was dich trifft, betrifft dich.
Was dich stört, gehört zu dir.
Unangenehme Gefühle sind immer wichtige Wegweiser.

Wir sollten diesen Spiegeln nicht böse, sondern dankbar sein, denn sie zeigen uns ganz genau auf, dass wir unbewusste Überzeugungen aufrechterhalten und inneren Programmen folgen, obwohl sie für uns heute nicht mehr stimmen und nicht mehr zu uns gehören. Alles, was uns stört, ärgert, aufregt, kränkt oder verunsichert, können wir mit dem Spiegelgesetz auf einfache Weise entschlüsseln. Doch auch Vorbilder, die wir bewundern, sind Spiegel, die uns zeigen, welche Talente in uns schlummern, und welches Potenzial es noch zu entwickeln gilt.

Ich erzähle dir zum besseren Verständnis eine Geschichte:

Der Tempel der tausend Spiegel
Es war einmal vor vielen, vielen Jahren in Indien. Da stand mitten im Urwald ein großer Tempel aus purem Gold. Seine Innenwände waren mit tausend Spiegeln ausgekleidet, sodass jeder, der in diesen Tempel trat, sich tausendfach wiedersah.
Da geschah es einmal, dass sich ein Hund dahin verirrte. Er freute sich über seine Entdeckung und glaubte, nun ein reicher Hund zu sein, als er das äußere Gold sah. Er ging hinein in den Tempel der tausend Spiegel. Aber da sah er sich tausend anderen Hunden gegenüber. Er wurde furchtbar wütend, weil die anderen ihm zuvorgekommen waren und fing an zu bellen. Jedoch die tausend Hunde bellten gleichermaßen zurück, waren es doch seine Spiegelbilder. Da steigerte sich sein Zorn noch mehr, aber der seiner Gegenüber auch. Seine Wut wurde schließlich so groß, dass sie ihn vernichtete und er tot umfiel.
Es vergingen viele Jahre. Da geschah es wieder einmal, dass ein Hund zum Tempel der tausend Spiegel kam. Auch er freute sich über seine Entdeckung. Auch er ging hinein, und auch er sah sich tausend Hunden gegenüber. Aber er freute sich, dass er in der Einsamkeit Gesellschaft gefunden hatte und wedelte mit dem Schwanz. Da wedelten die tausend Hunde zurück, und er freute sich, dass die anderen sich freuten, und die Freude wollte kein Ende finden. Deshalb ging er öfter dahin, um sich zusammen mit den anderen zu freuen.

Was war der Unterschied zwischen beiden Hunden?
Die Gedanken! Die Gedanken erzeugten ein Gefühl. Das Gefühl führte zu einer Aktion, die Aktion zu einer Reaktion.
Der erste Hund war überzeugt davon, dass alle anderen Konkurrenten sind, die nichts anderes im Sinn hätten, als ihn zu bedrohen und den Schatz zu rauben. Deshalb erblickte er böse, angriffslustige Spiegelbilder.
Der zweite Hund war voller Lebensfreude. Er war überzeugt, dass er, wo immer er auch hinkommt, auf lauter Artgenossen trifft, die ihn freudig begrüßen und willkommen heißen.
Darum sieht der eine Hund in den tausend Spiegeln wilde Bestien und der andere freundliche, friedfertige Tiere.

Du bist, was du denkst. Was du denkst, strahlst du aus.
Was du ausstrahlst, bekommst du zurück.
Buddha

Wozu verhilft die Anwendung des Spiegelgesetzes?

Das Spiegelgesetz besagt, dass alles, was uns in unserem Leben im Außen widerfährt, in einem direkten Bezug zu unserem Inneren steht, zu unseren bewussten und unbewussten Gedanken und unseren tiefen Überzeugungen.
In jedem Problem, und sei es noch so unangenehm und schmerzlich, sind Geschenke für uns verpackt.

Mit dem Spiegelgesetz gelingt es dir:
- Ein Potenzial, eine Stärke, ein Talent zu entdecken, das du hast, das jedoch in deinem Leben brachliegt oder zu kurz kommt. Manchmal kommt es vor, dass du es lebst, doch dann geht es dir nicht gut dabei. Du

hast entweder Schuldgefühle oder andere machen dir Vorwürfe.
- Glaubenssätze, Überzeugungen, Verbote und Befürchtungen aufzudecken und aufzulösen, die dich blockieren und sabotieren, dieses Potenzial zu entfalten.

Das mag für dich vielleicht verwirrend klingen, doch jede Theorie ist bekanntlich grau. In der Praxis gibt es eine 6-Schritte-Anleitung, sozusagen ein Einmaleins, das ich aus der Spiegelgesetz-Methode von Christa Kössner, weiterentwickelt habe, und mit der jedes Spiegelbild entschlüsselt werden kann.

Beachte bitte, dass das ein erfundenes Beispiel ist, das dir zeigen soll, wie ich die sechs Schritte anwende. Die Anwendung/die Beschreibung und die Umwandlung sind individuell verschieden. Es kommt immer auf deine Worte an.

- Schritt 1: Beschreibe die Person, die Situation, das Symptom deines Körpers, das technische Gebrechen. Wie ist er/sie? Was tut er/sie? „Mein Kollege Thomas ist lästig und hält mich von der Arbeit ab." Nicht analysieren, nicht interpretieren. Nur beschreiben!
- Schritt 2: Akzeptiere es und übernimm die Verantwortung. „Es ist, wie es ist, und es hat mit mir und meiner Denkweise zu tun. Ich kann daraus Wichtiges über mich erkennen."
- Schritt 3: Entschlüsseln: Die zwei Geschenke finden. Potenzial und Glaubenssatz:
  lästig → auf sich aufmerksam machen
  von der Arbeit abhalten → sich durchsetzen, präsent sein
  1. Geschenk: „Ich habe das Potenzial, auf mich aufmerksam zu machen und mich durchzusetzen."

2. Geschenk: Der unbewusste Glaubenssatz dahinter
Mögliche Glaubenssätze: „Ich darf nicht stören!" (Mutter hat immer gesagt: „Siehst du nicht, dass du störst und mich von der Arbeit abhältst")

- Schritt 4: Vergeben und aufgeben
  Vergib den anderen (der Mutter, dem Kollegen), vergib auch dir! Jeder Beteiligte hat seinerzeit das ihr/ihm Bestmögliche getan.
- Schritt 5: Gib die gefundenen Glaubenssätze in einem Ritual auf (z.B. verbrennen)
- Schritt 6: Der Kraftgedanke dient dir zur Unterstützung und um Neues zu manifestieren: „Von Tag zu Tag gelingt es mir besser, auf mich aufmerksam zu machen und mich durchzusetzen."
- Die kleine Tat
  Den Kraftgedanken umsetzen. Erst das TUN verändert die Welt.

Die innere Schatzsuche
Negativ-positiv-Umwandlungen – oder wie du die Münze umdrehst

Begeben wir uns auf innere Schatzsuche!
Im dritten Schritt findest du die Geschenke oder die Botschaft deines Spiegels. Ich zeige dir, wie du das erste Geschenk, dein Potenzial, entdeckst.

Stell dir vor, du hast eine Münze in der Hand. Die Münze hat zwei Seiten. Du siehst nur eine Seite und die ist negativ. Darum lehnst du die ganze Münze ab, du lässt sie liegen. Da du die Münze nicht annimmst, siehst du die Rückseite der Münze nicht, auf der dein ungelebtes Potenzial steht, das unbedingt zu dir gehört.

Beispiel Nr. 1
Negative Seite: Der Partner ist egoistisch und rücksichtslos.
Münze umdrehen: Was kann jemand besonders gut, der egoistisch und rücksichtslos ist?
Positive Seite: Er schaut auf sich und nimmt sich wichtig! Er setzt sich durch.
Geschenk:
„Ich habe das Potenzial, auf mich zu schauen, mich wichtig zu nehmen und mich durchzusetzen."
Die Botschaft des Spiegels: Schau auf dich und nimm dich wichtig! Setz dich durch!

Beispiel Nr. 2
Negative Seite: Der Chef ist cholerisch und brüllt herum.
Münze umdrehen: Was kann jemand besonders gut, der cholerisch ist und herumbrüllt?

Positive Seite: Er ist impulsiv. Er äußert lautstark, was ihn stört.
Tipp für dich:
Es ist wichtig, dass du beim Umdrehen nicht an die Person denkst, die dich triggert, sondern an eine völlig neutrale Person.

Geschenk:
„Ich habe das Potenzial, impulsiv zu sein und lautstark auszusprechen, was mich stört."
Die Botschaft des Spiegels: Erlaube dir, impulsiv zu sein! Trau dich, deine Meinung lautstark zu äußern.

Da die Umwandlung anfangs speziell Ungeübten schwerfällt, findest du anbei eine kleine Auswahl an Umwandlungen. Wie du siehst, gibt es oft mehrere Möglichkeiten. Richtig ist die, mit der du in Resonanz gehst und die dich anspricht.

Folgende Begriffe können mithilfe der Spiegelgesetz-Methode von negativ in positiv umgewandelt werden:

Aggressiv	kraftvoll, dynamisch, temperamentvoll
Arrogant	selbstsicher, selbstbewusst, kennt seinen Wert
Chaotisch	kreativ, flexibel, findet sich überall zurecht
Dumm	lernfähig, naiv, natürlich
Dominant	kann führen, übernimmt Verantwortung, kann sich durchsetzen

Egoistisch	nimmt sich wichtig, schaut auf sich
Falsch	diplomatisch, einfallsreich, schaut auf seinen Vorteil
Faul	ruhebedürftig, entspannt, genießt die Ruhe
Frech	schlagfertig, wortgewandt, mutig
Geizig	vorsorgend, sparsam, schaut auf sich
Hysterisch	temperamentvoll, zeigt seine Gefühle
Kalt	sachlich, logisch, neutral
Kritisch	beobachtet genau, weiß wie etwas besser geht, hilfsbereit
Lästig	beharrlich, macht auf sich aufmerksam, zielstrebig
Langweilig	gelassen, ruhig, besonnen
Laut	macht sich bemerkbar, verschafft sich Gehör
Oberflächlich	leicht, locker, verspielt
Rechthaberisch	kann sich behaupten, durchsetzungsfähig, ist von sich überzeugt
Schlampig	kreativ, hat den Überblick
Schlimm	lebhaft, geht aus sich heraus, auffallend
Streitsüchtig	konfliktbereit, mutig, lösungsorientiert
Stur	beständig, konstant, verlässlich
Unpünktlich	locker, flexibel, cool
Verantwortungslos	unbeschwert, leicht, frei

Nun möchte ich dir an zwei Beispielen zeigen, wie ich das Spiegelgesetz in meiner Praxis anwende.

Barbara und ihr Sohn Max:
Barbara ärgert sich grün und blau über ihren Sohn Max.
Sie beschreibt ihn folgendermaßen: „Er ist faul, er erledigt alles auf den letzten Drücker, lümmelt den ganzen Tag herum und schaut seelenruhig zu, wie andere sich abrackern." Barbara ist empört.

Ich frage sie: „Was stört dich am meisten?"
Barbara: „Er ist faul und macht alles auf den letzten Drücker."

Wir begeben uns auf die Schatzsuche.
Ich: „Was kann jemand besonders gut, von dem ich sage, dass er faul ist? Denk dabei nicht an Max, da würde dir nichts Positives einfallen, denk an jemand X-Beliebigen, der so richtig faul ist. Was kann der gut?"
Barbara: (seufzt): „Sich entspannen, sich ausruhen und die Ruhe genießen."
Ich: „Und was kann jemand besonders gut, der alles auf den letzten Drücker erledigt?"
Barbara: „Der lässt sich nicht hetzen, der macht alles in seinem Tempo."
Wir fassen Barbaras Geschenk zusammen:
„Ich habe das Potenzial, mich gut entspannen und die Ruhe genießen zu können."
„Ich habe das Potenzial, mich nicht hetzen und unter Druck setzen zu lassen und alles in meinem Tempo zu machen."
Barbara lächelt, ich sehe, dass ihr beide Geschenke gefallen.

Ich: „Warum kommt das in deinem Leben zu kurz? Warum lebst du das nicht?"
Ein unbewusster Glaubenssatz verhindert, dass Barbara ihr Potenzial erfolgreich lebt. Diese Überzeugung stammt aus der Vergangenheit und sabotiert Barbara.

Ich bitte Barbara, ihre Augen zu schließen und, ohne nachzudenken, spontan auf meine Fragen zu antworten.
Ich: „Was hast du denn gegen Menschen, die im Garten in der Sonne liegen und die Ruhe so richtig genießen?"
B: „Haben die nichts zu tun? Im Garten gibt es doch immer etwas zu tun. Wie können die einfach in der Sonne liegen?"

Ich: „Na und? Die genießen einfach die Ruhe und entspannen sich. Was ist daran schlecht?"
B: „Das gehört sich nicht! Im Garten gibt es immer etwas zu tun. Die Nachbarn tratschen über sie und richten sie aus."
Ich: „Na und! Reden halt die Nachbarn. Du liegst in der Sonne und ruhst dich aus."
Intuitiv frage ich Barbara: „Was hätte denn deine Mutter dazu gesagt?"
Barbara kommen die Tränen:
„Eine gute Hausfrau hat immer etwas zu tun und darf sich nicht auf die faule Haut legen."

Damit haben wir die unbewusste Überzeugung gefunden, die verhindert, dass Barbara ausspannen und die Ruhe genießen kann.
Für das Potenzial, sich nicht hetzen zu lassen und im eigenen Tempo zu arbeiten, fanden wir die unbewussten Glaubenssätze:
„Wenn ich langsam in meinem Tempo arbeite, habe ich keine Chance und bin eine Versagerin.
Nur wenn ich schnell bin, komme ich an mein Ziel."
Barbara gab den Glaubenssatz aus der Vergangenheit bereitwillig auf und ersetzte ihn durch folgende Kraftgedanken:
„Es ist mein gutes Recht, mich zu entspannen und die Ruhe zu genießen."
„Locker und entspannt arbeite ich in meinem eigenen Tempo."

Verena und ihre Freundin Jutta:
Verena ärgert sich über ihre Freundin Jutta.
Verena: „Sie ist so rechthaberisch. Immer muss sie das letzte Wort haben, immer setzt sie ihren Kopf durch."
Ich: Was kann jemand besonders gut, der rechthaberisch ist?
Wir finden heraus: Er kann sich behaupten, sich durchsetzen, er ist von sich überzeugt.
Verena wählt „sich behaupten" und „sich durchsetzen" aus.

Verenas erstes Geschenk: „Ich habe das Potenzial, mich behaupten und durchsetzen zu können."

Die negativen Glaubenssätze, die Verena daran hindern, ihr Potenzial zu leben, fanden wir mit folgender Geschichte heraus.
Ich: „Was hast du gegen Menschen, die sich überall behaupten und durchsetzen? Stört es dich eher bei Männern oder Frauen, oder ist das egal"
V.: „Es ist egal".
Ich: „Dann nehmen wir einen Mann als Hauptperson. Er heißt Georg, ist 40 Jahre alt, verheiratet und hat zwei Kinder. Er wohnt in einem Haus am Rand einer Kleinstadt. Er arbeitet in leitender Funktion bei einer großen Baufirma. Georg behauptet sich und setzt sich überall durch. Nur seine Meinung zählt. Was ist daran schlecht?"
V.: „Es ist rücksichtslos und egoistisch."
Ich: „Na und! Was macht das schon aus?"
V.: „Er macht sich unbeliebt. Keiner will etwas mit ihm zu tun haben."
Ich: „Ist das überall so, oder gibt es einen Unterschied zwischen Berufs- und Privatleben?"
V.: „Beruflich ist es okay, aber privat gibt es Probleme."
Ich: „Wie äußert sich das?"
V.: „Es gibt häufig Streit. Das Klima zu Hause ist vergiftet. Frau und Kinder reden nur das Nötigste mit ihm und ziehen sich von ihm zurück."
Ich: „Was passiert weiter?"
V.: „Er fühlt sich zu Hause nicht mehr wohl."
Ich: „Was ist das Schlimmste, was passieren könnte?"
V.: „Seine Frau verlässt ihn mitsamt den Kindern. Sie lässt sich scheiden. Er bleibt allein zurück und ist todunglücklich."

Verenas Glaubensätze lauteten:

„Wenn ich mich behaupte und durchsetze, werde ich verlassen und bin ganz allein."

„Ich muss nachgeben, damit ich nicht verlassen werde."
„Ich muss nachgeben, damit ich geliebt werde."

Diese Überzeugungen aus Verenas Vergangenheit gab sie bereitwillig auf und ersetzte sie durch den Kraftgedanken:
„Ich bin eine Powerfrau und kann mich behaupten und durchsetzen!"

Mit diesen Beispielen hast du einen Eindruck gewonnen, wie ich das Spiegelgesetz anwende.
Das Geniale an der Arbeit mit der Spiegelgesetz-Methode ist, dass sie leicht und schnell anzuwenden ist und dennoch tiefe Erkenntnisse vermittelt – und das in einer bis eineinhalb Stunden.

Auch wenn du in diesem Buch viele Werkzeuge und Übungen findest, die dir gut und schnell dabei helfen, Blockaden zu lösen und wichtige Erkenntnisse über dich und ein Denken zu erhalten, empfehle ich dir gerade zu Beginn, das Spiegelgesetz mithilfe einer Expertin anzuwenden. Solltest du dabei meine Hilfe benötigen, stehe ich dir gerne mit Rat und Tat zur Verfügung.

Nimm das Lenkrad selbst in die Hand!

Wer hat denn das Lenkrad deines Lebens in der Hand? Du selbst oder jemand anderes? Lenkst du selbst oder bist du nur Beifahrerin und sitzt daneben? Bestimmt dein Partner/ deine Partnerin, wo's lang geht? Mischen sich dein Chef, deine Eltern, die Kinder ständig in deine Angelegenheiten ein? Geben all diese Menschen dir Ratschläge und sagen dir, was du machen sollst und was besser nicht?
Würdest du auf all die Anweisungen hören und sie befolgen, wärst du so verwirrt und unsicher, dass du kaum mehr wüsstest, wo links und rechts ist. Noch weniger, wohin du willst, wohin deine Reise gehen soll, und in welchem Tempo du unterwegs sein willst. Du änderst womöglich deinen Kurs immer wieder, fährst einen Zick-Zack-Kurs oder drehst dich ständig im Kreis. Du triffst auf alle Fälle keine klaren Entscheidungen mehr.
Ist das bei dir so oder so ähnlich?

Wenn du während der Ausführungen mehrfach genickt hast, gibst du anderen Menschen viel Macht über dein Leben, bist eher fremdbestimmt als selbstbestimmt.

Als ich mit 56 Jahren den Führerschein machte, ergaben sich in Folge viele leidvolle Situationen beim Autofahren, solange mein Mann als Beifahrer mitfuhr. Wie stressig und mühsam das alles war, habe ich dir ja bereits erzählt. Heute bin ich froh und dankbar, dass ich es durchgestanden habe, selbstständig Autofahren kann und ein eigenes Auto besitze – meinen flotten, roten Amadeus. Außerdem bewirkte diese Krise, dass ich vom Spiegelgesetz erfuhr, was wiederum die Wende in meinem Leben einleitete und zu großen Veränderungen im Zusammenleben mit meinem Mann führte.

Was ich damit sagen will? Das Steuerrad deines Lebens gehört in deine Hand! Denn nur du weißt, wohin deine Reise gehen soll, wohin du willst und welche Orte du besuchen willst.

Warum zögern viele Frauen, das Lenkrad ihres eigenen Lebens zu übernehmen und begnügen sich stattdessen mit der Rolle als Beifahrerin?

Dafür gibt es viele Gründe:
- Es ist scheinbar einfacher, weil sie dadurch keine Verantwortung übernehmen müssen.
- Sie scheuen sich davor, eigene Entscheidungen zu treffen, weil sie Angst haben, schuld zu sein, wenn etwas schiefgeht.
- Sie wollen sich bei den anderen nicht unbeliebt machen, indem sie deren Ratschläge ablehnen und selbst bestimmen.
- Es ist scheinbar leichter, in der Opferrolle zu verharren und anderen die Schuld für Fehler zu geben.
- Sie wollen nicht als Egoisten dastehen, die in erster Linie an sich denken.
- Man/frau muss nichts tun, solange ein anderer das Lenkrad in der Hand hat.

Vom Selbstmitleid zur Eigenverantwortung

Vielen fällt es leichter, zu jammern und sich selbst zu bemitleiden, als aktiv zu werden und etwas an ihren Lebensumständen zu ändern. Sie bleiben lieber in der sogenannten Komfortzone und lei-den, als neue Schritte zu wagen. Ich gebe zu, dass es einfacher ist, die Verantwortung für das eigene Leben dem Partner/der Partnerin oder dem Chef zu übergeben. Aber der Preis, den du dafür bezahlst, ist hoch. Denn du bekommst auf diese Weise nie oder selten, was du wirklich willst, sondern immer nur das, was andere wollen. Dass dich das ärgert und unzufrieden macht, liegt auf der Hand.

Ich war viele Jahre meines Lebens fremdbestimmt, zuerst von meinen Eltern und nach meiner frühen Heirat mit 19 Jahren von meinem Ehemann. Ich fand lange nichts dabei, es war mir nicht einmal unangenehm. Ich richtete mich nach seinen Vorstellungen. Jedes Wochenende geschah das, was er wollte, nämlich hauptsächlich wandern. Ich wandere gern, bin gern in der Natur. Doch oft hätte ich am Wochenende lieber Freunde besucht oder eingeladen, wäre gerne ins Kino gegangen oder hätte mich zu Hause mit meinen Hobbys beschäftigt oder einfach einmal nichts getan.

Erst viel später, so ab 45 Jahren, als meine Söhne schon erwachsen waren und das elterliche Haus verlassen hatten, wagte ich es langsam, mein Leben selbst in die Hand zu nehmen und das zu tun, was ich wollte, am Anfang oft verbunden mit einem schlechten Gewissen. Diese Veränderung war nicht immer einfach für mich. Es herrschte deshalb oft dicke Luft zwischen meinem Mann und mir und es gab die eine oder andere heftige Auseinandersetzung. Speziell in der Pubertät meiner Söhne kam es immer häufiger zu Meinungsverschiedenheiten über Erziehungsfragen, bei denen ich mich schon manchmal durchsetzte. Beruflich boten sich mir immer mehr Chancen, die ich ergriff. Ich ging mutig meinen Weg. Anfangs stand mein Ehemann meiner Karriere eher ablehnend gegenüber, doch auf lange Sicht fand er sich damit ab und sah auch Vorteile für sich in der Tatsache, dass ich oft nicht daheim war.

Es hat sich gelohnt, für mich und meine Ziele einzutreten, und es hat auch meinem Partner gutgetan, weil er dadurch Zeit hatte, das zu tun, was er so gerne machte, nämlich nach Herzenslust zu wandern. Er ist mit Kollegen alle neun Weitwanderwege in Österreich zu Fuß gegangen, hat Tausende Kilometer zurückgelegt und dabei viel Schönes gesehen, was ihm viel Freude bereitet hat. Außerdem bemerkte er, dass ich durch meine neuen Aufgaben immer lebensfroher und glücklicher wurde, und da er mich liebte, machte ihn das ebenfalls froh und glücklich.

Auch in meiner Praxis gibt es immer wieder Fälle, in denen Frauen aufblühen, weil sie das Lenkrad des Lebens selbst in die Hand nehmen. Hier ein Beispiel dazu:

Marion und ihr Ehemann:
Marion ist 48 Jahre alt, sie ist verheiratet und hat zwei Söhne, die mittlerweile das elterliche Haus schon verlassen haben. Marion arbeitet halbtags in einer Arztpraxis, sie ist tüchtig und bei den Patient*innen wegen ihrer Freundlichkeit sehr beliebt. Sie liebt es, unter Leuten zu sein, und freut sich, dass sie in ihrer Arbeit so geschätzt wird. Lange fehlte ihr nämlich diese Wertschätzung.
Nach der Geburt ihrer Kinder war es selbstverständlich, dass sie zu Hause blieb und sich der Erziehung ihrer Kinder widmete. Das machte sie jedoch auf Dauer unzufrieden, oft fiel ihr die Decke auf den Kopf. Gerne wäre sie wieder in ihren Beruf zurückgekehrt, doch das war ihrem Mann nicht recht, und auch sie empfand es letztendlich als ihre Aufgabe, sich um die Kinder und das traute Heim zu kümmern. Dennoch war sie sehr unglücklich mit der Situation. Nicht, dass sie ihre Kinder nicht geliebt hätte! Doch nur die Kinder zu versorgen und den Haushalt zu führen, war ihr einfach zu wenig. Vor ein paar Jahren entdeckte sie ihr Interesse für die Politik, engagierte sich sehr und wurde sogar Vizebürgermeisterin in ihrem Heimatort. Dieses Amt füllte sie nach bestem Wissen und Gewissen aus. Es brachte jedoch mit sich, dass sie sehr oft an Sitzungen teilnehmen musste und am Abend nicht zu Hause war. Diverse Weiterbildungen und Seminare standen auf dem Programm und oft war

sie auch am Wochenende nicht daheim. Obwohl sie ihr Amt gerne ausübte und durch ihre Arbeit angesehen und beliebt war, hatte sie ein schlechtes Gewissen ihrer Familie gegenüber. Ihre Söhne waren zwar megastolz auf ihre erfolgreiche Mutter, doch ihr Mann zeigte ihr deutlich, dass er mit der Karriere seiner Frau nicht einverstanden war. „Nie hast du Zeit für mich," waren seine Worte. Er wurde schweigsam, zog sich in sich zurück und bestrafte sie durch Nichtbeachtung. Das dämpfte Marions Begeisterung für ihren Beruf und sie zweifelte, ob ihre Entscheidung richtig gewesen war.

Findest du das Verhalten von Marianne und ihrem Ehemann okay?
Ich sage entschieden: Nein! Jede Frau hat ein Recht auf ein selbstbestimmtes Leben! Marion darf und soll es sich erlauben, das zu tun, was SIE glücklich und ihr Freude macht trotz Familie und Ehemann.
Bei der Anwendung des Spiegelgesetzes fiel es Marion wie Schuppen von den Augen, was ihr Mann durch sein Verhalten widerspiegelte: **Ihre eigene fehlende Erlaubnis, zu tun, was sie möchte.**
Marion tat es zwar, doch mit Schuldgefühlen. Sie selbst war in ihrem Inneren nicht einverstanden mit dem, was sie tat. Ihr Mann sprach aus, was sie sich in ihrem Innersten selbst vorwarf.
Wir fanden zwei Überzeugungen, die sie durch schmerzhafte Erfahrungen in ihrer Kindheit gewonnen hatte:

„Eine Ehefrau und Mutter hat in erster Linie für ihre Familie da zu sein."
„Wenn ich nicht tue, was die anderen wollen, werde ich mit Nichtbeachtung bestraft."

Marion erzählte mir, dass sie diese Überzeugungen von ihrer Mutter übernommen hatte. Gerne gab sie die lieblosen Überzeugungen auf. Stattdessen wählte sie einen Kraftgedanken, der sie seither begleitet, den sie sich immer vorsagt, und der sie unterstützt:

„Mutig und selbstbewusst gehe ich meinen eigenen Weg und bin erfolgreich dabei."

Wenn du merkst, dass du oft fremdbestimmt bist, probier einmal aus, wie es sich anfühlt, das Steuer deines eigenen Lebens selbst zu übernehmen. Tu mehr und mehr das, was DU wirklich willst. Es wird dich am Anfang einige Überwindung kosten, nicht die Erwartungen anderer zu erfüllen. Aber bei jedem Schritt, den du gehst, bei jeder Entscheidung, die du zu deinem eigenen Wohle triffst, wirst du dich leichter, befreiter und glücklicher fühlen, das ist meine Erfahrung! Und glaube mir, auch die anderen profitieren davon, wie ich in meiner eigenen Ehe erfahren habe. Der Mut, für dich einzustehen, tut gut!

Manchmal scheint es allerdings so, als ob wir auf unserer Fahrt nicht vorwärtskämen. Es ist, als ob wir mit einem Fuß auf dem Gaspedal und mit einem Fuß auf der Bremse stünden. Die Reaktion der anderen ist nicht die gewünschte, sie führen unsere Anweisungen nicht oder nur unwillig aus. Situationen erweisen sich als chaotisch. Die gewünschten Ergebnisse bleiben aus.
Das liegt daran, dass wir zur gleichen Zeit unserem inneren Navi sehr unterschiedliche Anweisungen geben, zu ungeduldig sind, und es im Unterbewusstsein Glaubenssätze, Verbote oder Befürchtungen gibt, die uns sabotieren und bremsen. Die gilt es herauszufinden. Ein tolles Werkzeug dafür ist die Spiegelgesetz-Methode, die ich im vorangegangenen Kapitel ausführlich geschildert habe.
Egal, was du vorhast, und wie dein Ziel aussieht, erinnere dich stets daran: DU hast das Steuer deines Lebens in der Hand, DU bestimmst, wohin die Reise geht!

Oder wie es Anita Keller so treffend formuliert hat: „Jeder Tag ist wie eine neue Seite im Roman meines Lebens und nur ich bestimme, wie die Geschichte weitergeht."

Stell dir vor, alles, was sich in deinem Leben entfaltet und wächst, wird davon bestimmt, wo du hinsteuerst. Du selbst kannst das entscheiden. Wenn du deine Aufmerksamkeit auf Fülle, Freude, Liebe und Erfolg richtest, wirst du Fülle, Freude, Liebe und Erfolg ernten. Wenn du den Fokus auf das, was du nicht haben willst, richtest, wirst du Mangel und Misserfolg anziehen. So einfach ist das. Man nennt das:

Das Gesetz der Resonanz

Gleiches zieht Gleiches an.
Worauf du deine Aufmerksamkeit richtest, das wächst in deinem Leben.

Ich gebe dir einen Tipp, wie du das Gesetz der Resonanz künftig dafür nützen kannst, mehr Freude, Fülle, Liebe und Glück anzuziehen. Ich selber habe dieses Morgenritual von Anita Keller bereits ausprobiert und war von seiner Wirksamkeit begeistert.

- Wenn ich am Morgen aufwache, denke ich mir: „Heute erlebe ich etwas Wunderbares". Ich glaube fest daran und verhalte mich auch tagsüber nach diesem Motto. Dabei beobachte ich ganz genau, was um mich herum geschieht. Immer in Erwartung dessen, dass mir heute etwas Wunderbares und Großartiges passiert.
- Abends notiere ich mir drei Dinge, für die ich an diesem Tag dankbar bin. Wichtig ist dabei, dass man sich nicht jeden Tag dasselbe notiert, sondern darauf

achtet, dass man für unterschiedliche Dinge dankbar ist. Das können auch vermeintlich banale Dinge oder Situationen sein. Anschließend gebe ich die bunten Zettel in einen schönen Topf. Anita Keller nennt ihn den „Glückstopf".

Die zentrale Frage, die man sich immer wieder stellen sollte, ist: „Wofür bin ich dankbar?". Dankbar sein zu können, hat viel damit zu tun, das Gute im Leben zu sehen und sich dessen Fülle bewusst zu sein. Um dir bewusst zu werden, wie viele Dinge du bereits hast, für die du dankbar sein kannst, erstelle dir eine Liste. Notiere darauf mindestens zehn Dinge aus jedem Lebensbereich: Familie, Beruf, Gesundheit, etc.
Wenn ich meine Liste der Dankbarkeit durchlese, durchströmt mich ein Gefühl tiefer Dankbarkeit und Freude. Wie geht es dir dabei?
(Inspiriert durch Anita Keller, „Die magische 21 Tage Reise")

Das Gesetz der Resonanz schickt uns kontinuierlich Menschen, Ideen und Ereignisse, die die Energie spiegeln, die wir aussenden. Es liefert dir Geschenke ins Haus, die dem entsprechen, was du aussuchst und bestellst. Weder urteilt es, noch zweifelt es daran, dass das, was du gewählt hast, das ist, was du auch wirklich willst. Das Gesetz der Resonanz schickt dir genau das, was du aussendest.
Wenn du also stets daran denkst, was dir fehlt und dich in deinem Leben darauf fokussierst, was schiefgeht oder gegangen ist, dann wird dir das Leben genau das gerne schicken.
Doch wenn du beginnst, neu und voller Freude und Begeisterung über viele Bereiche deines Lebens zu denken, dann werden immer mehr Menschen, Ideen und Ereignisse in dein Leben kommen, die dieser Energie entsprechen. Wir müssen dabei keine Einzelheiten kennen. Das „Wie" überlassen wir dem Universum.

Alles im Gleichgewicht?
Fühl dich wohl in deinem Körper!

Bist du mit deinem Gewicht zufrieden?
Wiegst du einige Kilos zu viel?
Seit wann bist du übergewichtig?
Was hast du schon alles gemacht, um abzunehmen?
Wie waren deine Erfahrungen damit?
Wie viele Kilos möchtest du abnehmen?
Warum? Was ist der Grund für deinen Wunsch?
Glaubst du daran, dass das Übergewicht bei dir in den Genen liegen muss? Denn viele in deiner Familie, Mutter, Großmutter, die Mali-Tant' waren auch keine schlanken Sylphen?
Kann es sein, dass du mehr isst, als du bewusst registrierst?
Hast du mit Bewegung nichts am Hut? Findest du diese viel zu anstrengend und schweißtreibend?
Wie sieht es mit deinen Essgewohnheiten aus?
Hast du Probleme, ganz gleich welcher Art, die dich belasten, und mit denen du nicht fertig wirst?

Übergewicht hat viele Ursachen. Folgende Faktoren sind für Übergewicht verantwortlich:

- Erbanlagen, Alter
- Zu viel Nahrung
- Bewegungsmangel
- Falsches Essverhalten
- Psychische Faktoren

Vererbung kann bis zu einem Drittel schuld am Übergewicht sein. Je älter man wird, umso weniger Kalorien braucht der Körper. Zu wenig Bewegung, falsches Essverhalten und psychische Faktoren sind die Hauptursachen für die Entstehung von Übergewicht.

Wozu dient uns diese Erkenntnis?
Nun, Alter und Erbanlagen können wir schwerlich beeinflussen. Zu viel Nahrung, zu wenig Bewegung, falsches Essverhalten und psychische Faktoren sehr wohl.

Die Sache mit dem Grundumsatz

Der Grundumsatz sinkt durch einseitige, radikale Diäten, da der Körper nach kurzer Zeit auf Sparflamme schaltet und sich auf eine Hungerperiode einstellt. Das ist sein Überlebensprogramm seit der Steinzeit. Beendet man die niedrige Energiezufuhr, stellt sich der Körper jedoch nicht wieder um. Man muss jetzt weniger essen, um nicht wieder zuzunehmen. Darum tritt nach einer Phase des Abnehmens der sogenannte Jo-Jo-Effekt ein. Außerdem baut der Körper beim Abnehmen nicht nur Fett ab, sondern er greift auch auf das Muskeleiweiß zurück. Der Energiebedarf sinkt daher, denn Muskelgewebe verbraucht mehr Energie als Fettgewebe.

!!! Daher Hände weg von Diäten, besonders wenn sie einseitig sind und viel versprechen.
Diäten machen dick und ruinieren die Figur!!!

Eine der Ursachen für die Entstehung von Fettpölsterchen ist falsches Essverhalten. Wird dem Körper zu viel Energie durch zu viel Fett oder Zucker zugeführt, werden diese überschüssigen Energien in Fett umgewandelt und gespeichert (Fett macht fett).

Übung: Komm dir und deinem Hunger auf die Schliche

Ein Quick-Check zur Statusbestimmung

Was isst du? Besser gefragt: Was isst du besonders gern? Bist du ein Fleischesser oder ein Mehlspeistiger? Trinkst du gern ein kühles Blondes oder ein Gläschen Wein?

Wie viel isst du? Hand aufs Herz: Wie viel isst du wirklich? Brauchst du große Portionen, um dich wohlzufühlen, oder isst du eher wenig, zum Beispiel den ganzen Tag fast nichts, aber dann am Abend umso mehr?

Wann isst du?
Bist du ein Frühstücksmuffel oder ein Abendesser? Isst du viele kleine Happen über den Tag verteilt? Schleichst du nachts zum Kühlschrank, um dir einen Snack zu holen?

Wie isst du? Wie sieht dein persönlicher Essensstil aus? Isst du langsam oder schnell? Bewusst oder unkontrolliert?

Wo isst du? Wobei isst du?
Zuhause, unterwegs, in der Arbeit, im Gasthaus, in der Schule?

Wobei isst du?
Beim Fernsehen, beim Lesen, beim Arbeiten, im Stehen, nebenbei?

Mit wem isst du?
Mit der Familie? Mit Kollegen und Freunden? Mit schlanken oder übergewichtigen Menschen?

Warum isst du?
Isst du, weil du Hunger hast? Hast du Appetit auf gewisse Speisen? Oder isst du, weil du dich nicht wohlfühlst und schlechte Stimmung hast?

Die drei größten Ernährungsfehler

1.) Falsche Lebensmittel: Zu wenig Eiweiß, zu wenig Obst und Gemüse, zu wenig Wasser. Zu viel Fett, zu viel Zucker, zu viele Kohlehydrate, zu viel Alkohol.

2.) Unregelmäßige Mahlzeiten: Snacks über den ganzen Tag verteilt, spätes Abendessen. Zu schnelles und unkontrolliertes Essen oft nebenbei bei der Arbeit, beim Fernsehen etc.

3.) Emotionales Essen. Wir essen, wenn wir uns nicht wohlfühlen und es uns nicht gut geht. Dann füttern wir die Seele. Essen dient uns als Ersatz für andere Bedürfnisse und hat eine psychische Bedeutung.

Ad 1.: Essen soll abwechslungsreich und vielfältig sein. Unser Körper benötigt 40 verschiedene Wirkstoffe, die sich im Eiweiß, in den Kohlehydraten, im Fett befinden. Dazu braucht er Vitamine und Mineralstoffe, um reibungslos zu funktionieren und gesund zu bleiben. Kein Nahrungsmittel enthält alle Nährstoffe, deshalb ist eine ausgewogene und vielfältige Ernährungsweise so wichtig und zu empfehlen.

Ad 2.: Drei regelmäßige Mahlzeiten pro Tag. Speziell das Frühstück ist äußerst wichtig. Wer nicht frühstückt, läuft Gefahr, dass er vormittags mehrere, meist ungesunde Snacks isst und/oder zu mittags einen Riesenhunger hat und gleich zwei Portionen

verdrückt. Wer den ganzen Tag über nichts/wenig isst, wird vermutlich beim Abendessen doppelt so viel essen.
Natürlich sind regelmäßige Mahlzeiten heutzutage nicht für jede(n) machbar, sie sind jedoch empfehlenswert.

Ad 3.: Wenn wir frustriert, verärgert, traurig oder gestresst sind, neigen wir dazu, uns dem Essen zuzuwenden. Speziell Schokolade oder Süßigkeiten bringen uns scheinbar schnell in gute Stimmung. Wir essen auch manchmal, um uns zu belohnen, etwas zu feiern, aus einem Hochgefühl heraus. Wir füttern sozusagen die Seele. In diesem Fall hat Essen psychische Gründe und dient uns als Ersatz für etwas, das uns fehlt.

Wie fühlst du dich in deinem Körper wohl?

Du hast sicher schon den Ausspruch „Schlank werden beginnt im Kopf" gehört. Ich schließe mich dem 100-prozentig an. Schlank werden hat viel mit unserer Einstellung zu tun, mit unseren bewussten und unbewussten Gedanken. Viele Diäten reden uns ein, wir bräuchten nur weniger zu essen (FdH = Iss die Hälfte) und schon werden wir schlank. Leider stimmt das nicht. Kaum haben wir einige Kilos abgenommen und vielleicht sogar das Wunschgewicht erreicht, kehren die verlorenen Kilos nach und nach zurück, wenn wir nicht gleichzeitig die alten Programme im Kopf herausgefunden und aufgegeben haben.
Ob du es glaubst oder nicht: Ich behaupte, du brauchst dein Gewicht, weil es an deiner Stelle Eigenschaften und Verhaltensweisen lebt, die du dir verbietest. Dein Übergewicht ist ein körperliches Symptom. Ein Symptom zeigt immer ehrlich an, dass irgendwo eine Störung vorliegt, dass du aus dem Gleichgewicht gekommen bist. Ich vergleiche es gern mit einer Störung beim Auto. Stell dir vor, die Ölkontrolllampe leuchtet auf, und weil dich das stört, schraubst du das Lämpchen heraus oder überklebst es.

Wenn du so weiterfährst, wird dein Auto über kurz oder lang einen größeren Schaden erleiden und letztendlich kaputtgehen.

So ist es auch beim Übergewicht. Nur abzunehmen, ohne die inneren Ursachen herauszufinden, ist nicht die Lösung. Es hilft dir nicht. Du bist aufgefordert, das Ungleichgewicht, das es in einem Bereich deines Lebens gibt, herauszufinden und zu beheben.

Ohne Umstellung, ohne Veränderungen, ohne Dazulernen, ohne Veränderung deiner Einstellung geht es nicht!

Ich schreibe in diesem Buch absichtlich nicht über schlanke Ernährung und schlankes Essverhalten, gebe dir keine Empfehlungen für eine Ernährungsweise und rate dir nicht zu einer bestimmten Diät, obwohl ich aus eigener und beruflicher Erfahrung (ich war 25 Jahre lang als Kursleiterin in Kursen zum Schlankwerden tätig) sehr viel darüber weiß. Ich besitze meterweise Bücher über die verschiedensten Diäten und unzählige Kochbücher mit schlanken Rezepten (vier davon habe ich selbst geschrieben). Du wirst vermutlich schon einiges ausprobiert haben. Was ich dir jedoch empfehle, ist, nicht allein zu versuchen, schlank zu werden. Melde dich entweder zu einem Kurs mit Gleichgesinnten an, oder nimm dir einen Coach, der dich begleitet und motiviert. Mir ist es vor vielen Jahren auch erst gelungen, schlank zu werden, als ich meine Selbstversuche aufgegeben habe und mich entschloss, in einen Kurs zu gehen, in dem ich wirklich viel über schlanke Ernährung lernte und damit in sieben Monaten 20 Kilo abnahm.
In meinem Buch „Leicht und frei. Das Praxisbuch" findest du alles Wichtige beschrieben, das du übers Schlankwerden wissen solltest. Außerdem erfährst du darin, was du beachten und verändern musst, wenn du nicht nur vorübergehend weniger wiegen, sondern dauerhaft schlank bleiben willst.
Es gibt viele Gründe, warum wir im Laufe der Zeit einige/viele Kilos zunehmen. Gewichtige Gründe. Wenn wir uns diese Gründe

nicht ansehen und die alten Programme nicht erkennen, ändern und transformieren, können wir uns quälen, solange wir wollen: Wir werden bald wieder mehr Kilos auf die Waage bringen. Der „Schutzpatron" für viele Übergewichtige heißt nicht umsonst Sisiphus.

Es ist wenig erfolgreich, dass wir nur im Außen unser Gewicht verändern, wenn wir in unserem Inneren an Überzeugungen festhalten, die unsere verlorenen Kilos immer wieder zurückbringen. Denn wir brauchen unser Gewicht, damit wir etwas ganz Wichtiges über uns erkennen können.
Stell dir vor, du könntest den Kampf mit deinem Gewicht beenden und dem Terror der Waage entrinnen.
Stell dir vor, du könntet das Essen genießen ohne schlechtes Gewissen und Schuldgefühle.
Stell dir vor, du wärst in jedem Alter schlank, attraktiv und vital und fühltest dich wohl in deinem Körper. Fändest du das nicht wunderbar?

Mein Körper – Fahrzeug durchs Leben

Gleichgültig, wie unser Körper aussieht, ob er uns gefällt oder nicht, wir haben nun einmal nur diesen einen – und zwar ein Leben lang. Unser Leben dauert nur so lange, wie unser Körper existiert, und die Qualität unseres Lebens wird der Qualität unseres Körpers entsprechen.

Während unseres Lebens mit all seinen Aufs und Abs werden wir uns von Freunden und geliebten Menschen verabschieden müssen. Wir können Besitz, Autos und Geld verlieren, aber unser Körper wird uns garantiert das ganze Leben lang begleiten. Wenn wir diese Wahrheit begriffen haben, werden wir vermutlich automatisch anfangen, gut für unseren besten Freund zu sorgen.

Unser Fahrzeug durchs Leben benötigt, so wie jedes Auto, den richtigen Treibstoff, regelmäßige Pflege und Wartung sowie die Einhaltung der Fahrregeln und Bedienungsanweisung.
Dem Auto lassen viele – speziell Männer – meist viel Pflege angedeihen, um es lange fahrtüchtig zu erhalten. Der Körper wird hingegen oft vernachlässigt. Erst wenn er krank wird und uns Beschwerden macht, werden wir auf ihn aufmerksam. Solange er funktioniert, kümmern wir uns herzlich wenig um seine Bedürfnisse, wie gesunde Ernährung, Bewegung, Luft, Licht, Streicheleinheiten, Massage, Ruhe und Erholung. Erst wenn unser Körper immer wieder Krankheitssymptome zeigt, wachen wir auf. Dann wollen wir die Symptome rasch loswerden. Bei Kuraufenthalten nehmen wir uns vor, gesundes Essen, Bewegung, Massagen und Ruhepausen in unserem Alltag beizubehalten, zu Hause fallen wir leider schnell wieder in alte Gewohnheiten zurück.

> *Wenn ich gewusst hätte, dass ich so alt werde,*
> *hätte ich mich mehr um meinen Körper und*
> *meine Gesundheit gekümmert.*
> Unbekannte Quelle

Wie ist deine Einstellung deinem Körper gegenüber?
Wie gehst du mit deinem Körper um?
Behandelst du ihn wertschätzend oder abwertend?

Die Einstellung, die wir zu unserem Körper haben, hat großen Einfluss darauf, wie wir uns fühlen. Wenn wir uns in unserem Körper wohlfühlen, neigen wir eher dazu, uns selbst zu mögen und uns mit Liebe und Respekt zu begegnen. Wenn wir uns in unserem Körper nicht wohlfühlen, können die selbstschädigenden Gedanken und Gefühle in viele andere Bereiche übergreifen. Das Ergebnis ist, dass wir lieblos und ohne Selbstrespekt mit uns umgehen.

Wodurch entsteht unsere Einstellung zu unserem Körper?

- Aus der persönlichen Geschichte:

Komplimente, Lob, aber auch Hänseleien durch Familie und Freunde spielen eine große Rolle. Wenn meine Verwandten sagten: „Die Christa, die ist groß und stark", wäre ich am liebsten in einem Mauseloch verschwunden. Groß und stark zu sein, empfand ich viele Jahre meines Lebens als Makel. Viel hätte ich dafür gegeben, klein und zierlich zu sein wie viele meiner Freundinnen.

- Durch den Einfluss der Medien und bestehende Vorurteile:

Nur schlanke Menschen sind schön. Dicke haben keine Disziplin. Durch solche Aussagen und Schlagzeilen wird der Selbstwert gemindert.

- Durch Selbstgespräche:

Wie findest du dich, wenn du dich (nackt) im Spiegel betrachtest?
Magst du, was du im Spiegel siehst, oder lehnst du es total ab?
Findest du deinen Busen zu klein/zu groß?
Findest du deine Hüften zu breit, deine Beine zu dick, deinen Bauch zu schwabbelig?
Ist deine Haarfarbe verkehrt? Findest du dich überhaupt hässlich?
Glaub mir, ich kenne solche Selbstgespräche aus eigener Erfahrung.
Glücklich und schlank hat mich das nicht gemacht, im Gegenteil! In solchen Situationen konnte nur eine große Tafel Schokolade meinen Frust vorübergehend stillen.

Wie wir mit uns selbst reden, hat Einfluss darauf, wie wir über uns denken und wie wir uns fühlen.
Du hast es in der Hand, wie du dich selbst siehst, mit dir sprichst und wie du mit deinem Körper umgehst.
Mache dir bewusst, was dein Körper jeden Tag leistet, und sei ihm dankbar dafür.

Was dir dein Körper sagen möchte

Meine Liebe!
Nach langem Zögern habe mich entschlossen, Dir zu schreiben.
Wie oft habe ich Nachtschichten einlegen müssen, um die Berge von Süßigkeiten, die Du speziell am Abend gefuttert hast, zu verdauen. Dabei habe ich Dich ohnehin mit Magendrücken und Schlaflosigkeit darauf aufmerksam machen wollen, dass mir Deine Essexzesse nicht bekommen.
Dann gab es wiederum Zeiten, in denen Du die unmöglichsten Diäten befolgt hast und ich nur mit Eiern, Bananen und Ananas auskommen musste oder kaum mehr als ein paar Blätter Salat bekam. Der ewige Topfen und das Knäckebrot hingen mir oft zum Hals heraus.
Dazu kam noch, dass Du manchmal tagelang nur herumgesessen bist, zuerst im Büro, dann vor dem Fernseher, und ich schon ganz schlapp war vor lauter Luft- und Bewegungsmangel!
Dann hast Du mich wiederum ins Fitness-Studio geschleppt, wo Du gnadenlos trainiert hast, bis mir alle Muskeln weh taten.
Doch besonders traurig war ich darüber, dass ich Dir überhaupt nicht gefallen habe, und Du ständig an mir herumgenörgelt hast. Dabei bist Du doch eine großgewachsene, wohlproportionierte Frau und hast so schöne Augen. Hast Du noch nicht bemerkt, wie angenehm Deine Stimme klingt, und dass andere Dir gerne zuhören?
Warum bekämpfst Du mich denn ein Leben lang? Ich bin Dein einziger wirklicher Besitz.
Mach Dir das einmal bewusst!
Geliebte Menschen, Freunde, Deine Wohnung, Dein Auto, Dein Vermögen, alles kannst Du verlieren, doch ich bleibe Dir treu. Ich bleibe immer bei Dir, bis dass der Tod uns scheidet.
Wenn es mir gut geht, wenn ich in einem guten Zustand bin, dann geht es auch Dir gut.
Drum sorge bitte künftig gut für mich! Sei liebevoller zu mir, ich tue ohnehin für Dich, was ich kann!

Ich will Dir heute etwas ganz Wichtiges mitteilen: Ich diene Dir als Spiegelbild und zeige Dir durch Dein Gewicht Eigenschaften an Dir, die Du Dir nicht erlaubst, die jedoch zu Dir gehören, weil sie Dein besonderes Potenzial sind. Weil Du bisher diesen Zusammenhang aber noch nicht bemerkt hast, kommen meine beziehungsweise Deine Kilos immer wieder aufs Neue zu Dir zurück, bis Dir klar wird, was sie für Dich bedeuten.
Na, hörst Du ab jetzt vielleicht besser auf mich?
Alles Liebe,
Dein Körper

Könnte so ein Brief von deinem Körper an dich aussehen?

Schau dir einmal folgende Wörter genau an:

GewICHtig

ÜbergewICHtig

Im GleichgewICHt

leICHt

Überall steckt das Wort ICH drinnen. Das zeigt dir, dass alle Begriffe mit dir zu tun haben. Dabei geht es hauptsächlich darum, was du über dich denkst, wie du dich fühlst, wie du dich behandelst und wie du dich behandeln lässt.
Wenn du schlank werden und schlank bleiben willst, ist es wie bei einem Puzzle. Alle Puzzleteile müssen zusammenpassen.

Es gibt insgesamt sechs Puzzleteile:
Ernährung – Bewegung – Essgewohnheiten – Gedanken – Gefühle – Spiegelbild Gewicht.

Wenn du übergewichtig bist, ist es sehr wahrscheinlich, dass du in mehreren dieser Bereiche Veränderungen vornehmen musst:
- Iss etwas weniger und iss das Richtige (Nicht FdH, sondern FdR)!
- Bewege dich mehr!
- Überprüfe deine Ernährungsgewohnheiten und ändere sie, wenn nötig!
- Achte auf deine Gedanken und denke neu!
- Stell dich deinen Gefühlen!
- Dein Gewicht dient dir als Spiegel.

Dein Gewicht ist ein Spiegel. Es ist ein körperliches Symptom, das dir ein Ungleichgewicht in deinem Leben aufzeigt.

Körperliche Symptome

Körperliche Symptome und Krankheiten treten dann auf, wenn eine lange Weigerung besteht, einen bestimmten negativen Bereich in der Geisteshaltung zu beachten, ans Licht zu bringen und zu verändern. Durch das Symptom werden wir gezwungen, genau das zu tun, was wir uns aufgrund einer falschen Einstellung in einem bestimmten Punkt verbieten.

Ein Symptom ist ehrlich, auch wenn wir uns das oft nicht eingestehen wollen.

So wie wir uns mit unserem Symptom zeigen müssen, so geht es uns wirklich. Das Symptom Übergewicht macht den abgelehnten Wesensbereich sichtbar. Es lebt die Eigenschaften und das Verhalten aus, das wir uns nicht erlauben und nicht gutheißen. Es zwingt uns sogar zu einem Verhalten, das wir uns ohne dieses Übergewicht/diese Krankheit nicht erlauben würden.

Die Eigenschaft des Übergewichts, und wie es sich verhält, ist exakt jene Eigenschaft, die wir an uns selbst verurteilen, ablehnen und verneinen, obwohl sie zu unserer Heilung und

Vollkommenheit gehört. Die Botschaft lautet: „Ich mache dich aufmerksam, dass in deinem Leben etwas im Ungleichgewicht ist."

Solange wir uns nicht mit der Botschaft dahinter auseinandersetzen, werden wir nicht lange schlank bleiben. Das Symptom wird erneut wiederkommen, oder es wird ein neues auftauchen, bis wir das Ungleichgewicht in unserem Geist erkannt und beseitigt haben. Dazu schickt uns das Leben immer heftigere Spiegelbilder, denn der Sinn des Lebens ist auf Wachstum und Entwicklung ausgerichtet.
Erst wenn wir die Botschaft unserer Kilos gehört, befolgt und das Gleichgewicht wiederhergestellt haben, kann das Übergewicht endgültig verschwinden, denn dann ist es als Spiegel nicht mehr notwendig.

Es sind meist unbewusste Programmierungen aus der Kindheit, die in unserem Unterbewusstsein gespeichert sind. Wir geraten in ein Ungleichgewicht, weil wir Anlagen und Wesenszüge, die in uns angelegt sind, ignorieren, oder diese nur wenig ausgeprägt und mit schlechtem Gewissen verbunden leben.
Mit dem neugierigen Blick in den Spiegel können wir wichtige Erkenntnisse gewinnen.

Eines gleich vorweg: Es geht nicht von heute auf morgen. Es ist ein Prozess. Doch es lohnt sich, dich auf ihn einzulassen.

Ein Beispiel aus meiner Praxis:
Bettina hat sich immer um alle anderen gekümmert, den Mann, die Kinder, die Eltern, die Freundinnen, die Kolleginnen, und war oft unzufrieden, genervt, traurig, unglücklich darüber, denn sie blieb dabei auf der Strecke. Irgendwie erschien ihr das auch ganz normal. Ihre Freundinnen, ihre Familie und fast alle aus ihrem Bekanntenkreis hatten ja auch alle einen "Rucksack" zu tragen. Also Augen zu

und durch! Um Anerkennung und Liebe zu kämpfen – privat wie im Job – das war für Bettina normal. Irgendwann führte das auch zu körperlichen Symptomen. Verspannungen, Kopfschmerzen, Rückenproblemen, Gewichtszunahme. Was wiederum dazu führte, dass sie noch mehr frustriert war.
Sie war in einem Teufelskreis gefangen und wusste nicht, wie sie da herausfinden konnte.
Eines Tages – sie passte nicht einmal mehr in ihre größte Lieblingsjeans hinein – reichte es ihr. So konnte es nicht mehr weitergehen!

Von einer guten Freundin erfuhr sie vom Spiegelgesetz. Das wollte sie ausprobieren. Sie verabredete mit mir einen Einzelgesprächstermin, um mit Hilfe des Spiegelgesetzes herauszufinden, was ihre Lebenssituation und ihr Gewicht ihr zu erkennen gaben. Ich erzählte ihr meine Geschichte, die viel Ähnlichkeit mit ihrer Geschichte hatte, und wie ich mich von der selbstkritischen, unsicheren und unzufriedenen Frau, die ich früher war, zu der entwickelt habe, die ich heute bin. Eine Frau, die ihr Leben großartig meistert und Spaß und Freude daran hat.
Bettina schöpfte Hoffnung. Hatte sie vorher von der Spiegelgesetz-Methode lediglich gedacht „Ich probier sie einmal aus. Nützt es nichts, schadet es nicht!", war sie jetzt neugierig und zuversichtlich. Denn unzufrieden, genervt, traurig und unglücklich wollte sie nicht länger sein. Sie erklärte, es wäre so super, endlich wieder Spaß und Lebensfreude zu spüren, aus dem grauen eintönigen Einerlei ihres Alltags auszusteigen, mal etwas für sich zu tun, selbstsicherer zu sein und klar und deutlich zu kommunizieren, was SIE will und dazu zu stehen.

Dann fragte sie mich skeptisch:
„Geht das auch bei mir?"

Bettina fand bei der Anwendung der sechs Schritte in kurzer Zeit heraus, was ihr der Spiegel Übergewicht zeigte.

Du bist wichtig! Nimm dich wichtig! Nimm dir so viel Platz, wie du willst!

Wir fanden die unbewussten Überzeugungen heraus, die verhinderten, dass sie sich wichtig nahm und sich ihren Platz in der Familie und im Job sicherte.

„Die anderen sind immer wichtiger als ich!"
„Ich muss dafür sorgen, dass sich alle wohlfühlen, sonst bin ich eine schlechte Mutter."
„Wenn ich mich im Job wichtig nehme und mehr Platz beanspruche, werde ich von allen abgelehnt."

Mit ihren Kraftgedanken gab sie sich die Erlaubnis, das, was sie erkannt hatte, in ihr Leben zu integrieren:

„Es ist mein gutes Recht, mich wichtig zu nehmen und mir so viel Platz zu gönnen, wie ich will. Dazu stehe ich!"

Sie war überrascht, wie leicht es ging, und wie viele Aha-Momente sie in den nächsten Tagen und Wochen erlebte. Ihr wurde klar, was ihr wirklich wichtig ist, warum sie in ihrer alten Situation war und vor allem, wie sie das verändern konnte.

Das Überraschendste war, dass es durch die Anwendung des Spiegelgesetzes auch beruflich und familiär besser lief. Ihre Familie fand Gefallen an der Situation, dass Bettina endlich klar und deutlich sagte, was sie wollte, und es auch tat. Die Kinder freuten sich, dass sie endlich nicht mehr dauernd umsorgt wurden und mehr Freiheit hatten. Ihr Ehemann war anfangs etwas verwundert, dass Bettina bei manchen seiner Vorhaben nicht mehr mitmachte, fand es jedoch bald in Ordnung.

Es gab weniger Streit und Frust, weil Bettina auf einmal wusste, was für sie selbst wichtig ist und dies auch vermitteln konnte. Bettina fand in ihrer Freizeit Spaß daran, kreativ zu sein und hübsche Dinge zu basteln und zu nähen, die in ihrem Bekanntenkreis Anklang und Absatz fanden.

Bettina stellte ihre Ernährung um, aß lieber Obst statt Schokolade, kochte kalorienbewusster, fand endlich Spaß an der Bewegung und ging regelmäßig in einen Fitness-Club. Am liebsten tanzte sie nach flotter Musik durch ihre Wohnung und sang dazu aus voller Kehle. Nach und nach verschwanden die überflüssigen Kilos, sie wurde rank und schlank und war körperlich und seelisch im Gleichgewicht.

Vielleicht geht es dir auch so, dass du unzufrieden, genervt, traurig, unglücklich bist, und du das "eigentlich" ganz normal findest. Das ist es aber nicht. Das Leben hält mehr für dich bereit! Glaub mir! Bist du bereit, dich jetzt endlich für DICH zu entscheiden?

Sieh dich selbst mit anderen Augen

Ich weiß aus eigener Erfahrung, dass der Blick in den Badezimmerspiegel nicht immer erfreulich ist. Vor allem früher habe ich mich selbst ständig kritisiert und meist nur das Negative an mir gesehen. Dann entdeckte ich die Affirmationen von Louise Hay, mit deren Hilfe ich begonnen habe, mich mit anderen Augen zu sehen. Dazu stelle ich mich vor einen Spiegel, schaue mir selbst in die Augen und spreche folgenden Satz laut aus: „Ich liebe und ich wertschätze mich so, wie ich bin."
Das wiederhole ich ein paar Mal. Louise Hay empfiehlt, diesen Kraftgedanken hundertmal pro Tag laut zu wiederholen.

Mach diese Spiegelübung von Louise Hay 30 Tage lang. Die Übung ist phänomenal, wenn du beharrlich bist. Es genügt nicht, dich theoretisch mit der Spiegelarbeit zu beschäftigen, du musst sie praktisch anwenden. Dann wird sie dein Leben verändern. Sollten negative Gedanken, wie „Wie kann ich mich lieben, wenn ich so undiszipliniert bin?" während dieser Übung auftauchen, ist das völlig in Ordnung! Bekämpfe und verurteile diese Gedanken nicht. Lass sie einfach da sein und konzentriere dich weiter auf den Satz: „Ich liebe und wertschätze mich so, wie ich bin." Das größte Geschenk, das du dir selbst machen kannst, ist bedingungslose Liebe. Liebe dich so, wie du bist. Warte nicht darauf, bis du perfekt bist!
(Vgl.: Louise Hay, „Spiegelarbeit")

Liebe dich ohne Wenn und Aber! Du musst dir Liebe nicht verdienen. Du musst niemandem etwas beweisen. Du darfst sein, wie du bist.
Ich habe sehr lange gebraucht, bis ich das ehrlichen Herzens von mir sagen konnte.
Doch es hat mein Leben auf wunderbare Weise verändert. Es hat mir die Leichtigkeit und die Freiheit gebracht, von der ich so lange geträumt habe.
Jahrzehntelang war ich wie in einem Labyrinth gefangen und fand nicht heraus. Ich irrte herum, ohne je ans Ziel zu gelangen.

Es liegt an mir!
Mein Ausweg aus dem Labyrinth

Was ist ein Labyrinth?
In der griechischen Mythologie erbaute der Künstler Dädalus für König Minos auf Kreta ein Labyrinth, in dessen Inneren der menschenfressende Minotaurus lebte. Viele Helden kamen dabei um, als sie den Minotaurus töten wollten, weil sie aus dem Labyrinth nicht mehr herausfanden. Dem Helden Theseus gelang es mit einer List. Er bekam von der Königstochter Ariadne ein Knäuel Wolle, das er am Eingang festband. Er drang ins Innere vor, tötete den Minotaurus und fand mit Hilfe des Knäuels wieder heraus.
Was kann uns diese Geschichte sagen?
Wir verirren uns auch oft im Labyrinth, sind Gefangene unserer eigenen Gedanken und wissen nicht weiter. Mit Hilfe des Mentaltrainings können wir den Minotaurus – unsere Zweifel, unsere negativen Gedanken, unsere Ausflüchte, unsere Ängste – besiegen. Wenn wir Selbstverantwortung übernehmen und aktiv werden, gelangen wir an unser Ziel.
Es liegt an mir, wie ich die Dinge sehe. Sehe ich überall nur Schwierigkeiten oder sehe ich Möglichkeiten?

Der Pessimist sieht die Schwierigkeiten in jeder Möglichkeit, der Optimist die
Möglichkeiten in jeder Schwierigkeit.
Winston Churchill

Dazu gehört auch Beharrlichkeit. Das bedeutet, dass man genau weiß, was man will und beharrlich sein Ziel anstrebt, doch mit Köpfchen – und nicht mit dem Kopf durch die Wand, denn es gibt immer eine Tür!

Werte -
das Fundament deines Lebens

Eine Geschichte, die anschaulich erklärt, warum Werte in unserem Leben so wichtig sind, handelt von einem Professor, der in einem Experiment vor seinen Studenten ein Gefäß mit großen Steinen, Kieselsteinen und Sand füllt. Die großen Steine symbolisieren dabei die wirklich wesentlichen Dinge im Leben wie Gesundheit, Familie und Freunde, während die Kieselsteine und der Sand für immer unwichtigere Dinge wie beispielsweise Handy, Computerspiele oder Fernsehen stehen. Bereits nach den großen Steinen waren die Studenten davon überzeugt, dass das Gefäß nun voll sei. Der Professor überzeugt sie jedoch vom Gegenteil, in dem er der Reihe nach noch die Kieselsteine und den Sand einfüllt. Anhand dieses Experiments will der Professor zeigen, dass man im Leben Platz für die wichtigen Dinge schaffen soll. Fülle man das Gefäß nämlich vorher mit Sand, also den unwichtigen Dingen, bliebe kein Platz mehr für wesentliche Eckpfeiler, die ein Leben erst lebenswert machen. (Anekdote frei nach Stephen R. Covey)

Als ich diese Geschichte vor etlichen Jahren zum ersten Mal las, regte sie mich zum Nachdenken an. Ich stellte mir sofort die Frage: „Was sind denn die großen Steine in meinem Leben, und was ist nur Kies und Sand?"
Hast du schon einmal darüber nachgedacht, was für dich das Wichtigste in deinem Leben ist? Ist es deine Familie, dein Job, deine Karriere, dein Haus, dein Auto, Geld oder Erfolg? Oder ist es Treue, Pünktlichkeit, Freiheit oder Dankbarkeit, auf die du großen Wert legst? Wofür würdest du kämpfen, wenn es bedroht

wäre, und in welchem Bereich würdest du auf keinen Fall Abstriche machen?

Was versteht man unter dem Wort „Werte"?

Werte sind das Fundament unseres Lebens. Sie sind ein Kompass, der uns Orientierung in unserem Leben gibt. Wenn wir unsere Werte kennen, haben wir in allen Lebenslagen eine klare Richtschnur für unser Handeln. Ohne sie können wir schwer herausfinden, welcher Weg der richtige für uns ist, besonders dann, wenn wir im Leben an einer Weggabelung angelangt sind und nicht wissen, welchen Weg wir einschlagen sollen. Die eigenen Werte zu kennen, ist Voraussetzung für ein glückliches, erfülltes und selbstbestimmtes Leben. Werte drücken aus, was uns wirklich wichtig ist im Leben. Sie sind unsere Prioritäten. Sie sind bei jedem verschieden und können sich im Laufe des Lebens einige Male ändern. Mit 20 Jahren haben wir vermutlich andere Werte als mit 50 oder mit 70.

Sehr häufig richten wir uns jedoch nicht nach unseren eigenen Werten, wir orientieren uns an Werten, die uns von unseren Eltern und Großeltern und anderen wichtigen Bezugspersonen vorgelebt worden sind. Wir richten uns nach Werten, die uns übergestülpt worden sind von der Gesellschaft, von der Erziehung, von der Kirche oder sonst jemandem und wundern uns, warum uns diese Werte nicht glücklich machen.

Wirklich glücklich kannst du nur sein, wenn du deine ureigenen Werte kennst und konsequent und bedingungslos nach ihnen lebst.

Wir können das deutlich an den Beschränkungen erkennen, denen wir durch das Coronavirus ausgesetzt waren bzw. sind. Durch den Lockdown konnten wir wichtige Werte plötzlich nicht mehr leben. Unsere **Freiheit** wurde eingeschränkt. Unsere **Familie und Freunde** konnten wir nicht oft so oft sehen und treffen, wie wir es gewohnt waren. Kinder haben gelitten, weil sie ihre **Schulfreunde** kaum mehr treffen konnten. Viele sahen und sehen ihren **finanziellen Wohlstand** bedroht und haben vielleicht sogar ihren **Job** verloren. Auch **Reisen** war und ist nur eingeschränkt oder mit Auflagen möglich. Erst durch eine solche immense Einschränkung wird uns oft bewusst, wie wichtig Werte für unser seelisches und körperliches Wohlbefinden sind.

Als ich jung war, wusste ich eines ganz genau: Ich wollte auf alle Fälle heiraten und Kinder haben. Eine eigene **Familie** zu gründen, war mir sehr wichtig. Als mich meine Eltern nach der Matura vor die Wahl stellten, entweder ein **Studium oder Heirat und Familie**, befand ich mich in einem Dilemma. Einerseits reizte mich ein Studium, denn ich hätte gerne Sprachen studiert, auf der anderen Seite habe ich mir immer eine eigene Familie gewünscht. Ich habe mich damals für die Familie und gegen ein Studium entschieden. Eine Entscheidung, die ich einige Jahre später in Frage gestellt und bereut habe. Manchmal habe ich mich gefragt, wie mein Leben wohl verlaufen wäre, wenn ich damals doch studiert hätte. Viele Jahre lang war **Familie** für mich der wichtigste Wert. Für meine Familie, besonders für meine Kinder, bin ich auf die Barrikaden gestiegen, sie habe ich verteidigt, für sie hätte ich, ohne zu zögern, gekämpft. Familie ist noch immer ein wichtiger Wert für mich, aber nicht mehr der wichtigste. Werte sind nämlich nicht in Stein gemeißelt, sie ändern sich im Laufe des Lebens bei den meisten Menschen einige Male. Als meine beiden Söhne die Volksschule und später eine höhere Schule besuchten, wäre ich am liebsten ausgebrochen aus meinem Käfig.

Ja, du liest richtig! Ich war zwar gerne liebende Mutter und Ehefrau, doch ich kam mir oft wie eingesperrt vor. Die tägliche Routine, der ewig gleiche Alltagstrott, die Probleme mit der Schule, der Partner, der sich vom Märchenprinzen in einen Pascha verwandelt hatte. Das alles erstickte so nach und nach meine Lebensfreude. Nur im Urlaub kam sie zum Vorschein. Am Meer, in den Bergen und dann später in Afrika. Da spürte ich die unbändige **Lebenslust und Lebensfreude. Freiheit** war damals ein wichtiger Wert für mich. Ich träumte davon, frei zu sein und nochmals neu zu beginnen. Ich wäre gern wie ein Zugvogel, ein Storch gewesen, der das halbe Jahr in der Sonne Afrikas verbringt und dann zurückkehrt, ein Nest baut und Junge aufzieht. Davonfliegen! **Frei sein!**

In Gesprächen mit Klientinnen habe ich viele Parallelen gefunden. Ihre Sehnsucht nach Freiheit und Eigenständigkeit, ihr Wunsch, selbstbewusst und selbstbestimmt nach ihren eigenen Vorstellungen zu leben und sich weniger nach anderen richten zu müssen. Jüngere, berufstätige Mütter leiden oft unter der Doppelbelastung durch Beruf und Familie und haben wenig Zeit für **Vergnügen und Spaß**. Karriere im Beruf und Familie lassen sich selten vereinen, und so bleibt oft ein Wert auf der Strecke.

Es lohnt sich daher, für dich herauszufinden, was deinem Leben Wert und Sinn gibt. Die meisten kennen ihre Top-10-Werte gar nicht. Kennst du sie?

Übung: Wie du die Hitliste deiner Werte herausfindest

Mit der folgenden Übung, die von Viktoria Schretzmayer entwickelt wurde, findest du heraus, welche Werte in deinem Leben am wichtigsten sind. Nimm dir für die folgende Aufgabe am besten eine Stunde Zeit. Setz dich auf deinen Lieblingsplatz und nimm einen Schreibblock und kleine Zettel (Post its) zur Hand. Hör vorerst entspannende Musik und atme ein paarmal in deinem eigenen Rhythmus tief ein und aus, bis du merkst, dass du zur Ruhe gekommen bist.

Du findest hier eine Liste mit den gängigsten Werten in alphabetischer Reihenfolge. Nimm einen Stift in die Hand und markiere im ersten Schritt alle Werte, die dir wichtig sind, mit einem Kreuz. Markiere dann mit einem Textmarker deine Top-10 aus allen angekreuzten Werten. Schreib die zehn Favoriten einzeln auf Klebezettel (Post its) und bringe sie intuitiv in eine Reihenfolge.

Sortiere nun die Zettel um, indem du immer zwei Zettel in die Hand nimmst und miteinander vergleichst, welcher Wert dir wichtiger ist, bis du deine zehn Top-Werte gefunden hast. Das sind deine zehn wichtigsten Werte!

Schreibe diese Reihenfolge in dein Notizbuch oder befestige sie auf deinem Memoboard oder an einem Ort, an dem du sie täglich siehst, und du dir deine persönlichen Werte immer wieder bewusst machen kannst. Das unterstützt dich dabei, eine klare Ausrichtung im Leben zu haben, gute Entscheidungen zu treffen und dir stimmige Ziele auszuwählen.

Was ist dir wichtig?

Abenteuer	Gerechtigkeit	Pflichtbewusstsein
Anerkennung	Geselligkeit	Phantasie
Aussehen	Gesundheit	Pünktlichkeit
Authentizität	Großzügigkeit	Redegewandtheit
Begeisterung	Güte	Reichtum
Beliebtheit	Harmonie	Religion
Bequemlichkeit	Herausforderung	Respekt
Bescheidenheit	Hilfsbereitschaft	Ruhe
Beruf	Höflichkeit	Schönheit
Beziehungen	Humor	Sexualität
Bildung	Individualität	Sicherheit
Dankbarkeit	Intuition	Spaß
Diskretion	Karriere	Spiritualität
Disziplin	Kinder	Treue
Ehrgeiz	Klugheit	Umweltbewusstsein
Ehrlichkeit	Kompetenz	Unabhängigkeit
Entschlossenheit	Kreativität	Vergnügen
Erfahrung	Kunst	Vernunft
Erfolg	Leistung	Verständnis
Familie	Liebe	Vertrauen
Fleiß	Loyalität	Wachstum
Freiheit	Luxus	Wahrheit
Freude	Macht	Weisheit
Freundschaft	Mitgefühl	Weitblick
Frieden	Mut	Wissen
Gehorsam	Nächstenliebe	Wohlstand
Gelassenheit	Natur	Würde
Gemeinschaft	Offenheit	Zärtlichkeit
Genuss	Partnerschaft	

Die Liste ist bei weitem nicht vollständig. Trag auch die Werte in die Tabelle ein, die hier nicht erwähnt worden sind, die jedoch für dich persönlich von Bedeutung sind.

Deine Top-10-Werte:

1	
2	
3	
4	
5	
6	
7	
8	
9	
10	

Von Viktoria Schretzmayer

Selbst-Check
Lebst du deine Werte wirklich?

Oft haben wir zwar bestimmte Werte, aber sie kommen in unserem Leben zu kurz.
Schau dir deine Top 10 nochmals an und überprüfe, ob du diese Werte in den wichtigsten Bereichen deines Lebens wirklich lebst.

Was ist dir in einer/deiner Partnerschaft wichtig?

Worauf legst du großen Wert in deinem Beruf?

Wie zufrieden bist du mit dir selbst?

Wie sieht es in deiner Freizeit aus?

Wenn du z.B. großen Wert auf Bewegung und Sport legst und dir selten Zeit dafür nimmst, dann klafft zwischen Wollen und Tun ein großes Loch. Die Folge: Du bist unzufrieden.
Wenn dir Reisen und Abenteuer wichtig sind, du aber nur zu Hause in deinen vier Wänden oder im Garten herumsitzt, so wird dir etwas fehlen.
(Inspiriert von Viktoria Schretzmayer, 100% Ich-Kurs)

Als ich wegen der Kindererziehung meinen Beruf aufgegeben hatte, war ich unzufrieden. Mein Beruf fehlte mir und die Decke fiel mir sozusagen auf den Kopf. Diese Unzufriedenheit führte dazu, dass ich über zehn Kilo zunahm und so richtig aus dem Leim ging.
Mach dir bewusst, dass du der wichtigste Mensch in deinem Leben bist. Deine Zufriedenheit ist ein wichtiger Wert für dich. Wenn du dich ständig vernachlässigst, weil du deine Werte vernachlässigst, indem du dich stets um andere kümmerst und nie um dich, verkümmerst du und verlierst zuerst deine Energie und dann deine Lebensfreude.

Ein Beispiel aus meiner Praxis mit meiner Klientin Johanna:
Als Johanna zu mir zu einem Spiegelgesetz-Gespräch kam, war sie ein nervliches Wrack und mit ihren Kräften fast am Ende. Johanna war damals 50 Jahre alt, sie war verheiratet und hatte zwei erwachsene Söhne, die damals schon das elterliche Haus verlassen hatten. Johanna arbeitete in der Modebranche und war sehr erfolgreich. Ihr Beruf machte ihr viel Freude. Plötzlich erkrankte ihr Vater schwer und benötigte Hilfe und ständige Betreuung. Johanna liebte ihren Vater und sie hatte ihm einst versprochen, sich um ihn zu kümmern, wenn er alt und gebrechlich sein sollte. Sie nahm drei Wochen Urlaub und nahm ihren Vater zu sich, um ihn zu betreuen. Nach ein paar Tagen merkte sie jedoch, dass es ihre Kräfte

überstieg. Ihr Vater war nämlich ein sehr fordernder Patient, er war schwierig, war stur und eigensinnig und lehnte sich gegen alles auf, was Johanna vorschlug und auf Anordnung des Arztes empfahl. So konnte es nicht weitergehen.
Johanna vereinbarte einen Gesprächstermin mit mir.
Danach suchte Johanna nach einem Platz in einem Seniorenheim, sie redete mit ihrem Vater über die Vorteile für ihn, bis er überzeugt war, dass es die beste Lösung für ihn wäre. Als er schließlich ins Pflegeheim übersiedelte, besuchte ihn Johanna regelmäßig. Sie saß an seinem Bett und sie unterhielten sich über Gott und die Welt. Es waren Momente voller Frieden und Harmonie. Das wäre zu Hause nicht möglich gewesen. Ihr Vater hatte ja alles abgelehnt und es waren heftige Worte zwischen ihnen gefallen. Johanna sorgte für ihren Vater, indem sie das Bestmögliche für ihn in die Wege leitete. Als Johannas Vater starb, schied er in Frieden. Johannas Entscheidung war richtig gewesen – ihr „Nein" zum Vater und ihr „Ja" zu sich selbst! Sie hatte das Beste für ihn und für sich gemacht.

In meinem Buch „Meine großen 5", das ich mit 70 Jahren als Rückschau auf mein erfülltes Leben geschrieben habe, geht es um meine Werte und um das, was mein Leben bereichert.
Ich bin oft in Afrika gewesen und habe „die großen 5", den Löwen, den Leoparden, den Elefant, das Nashorn und den Büffel, mit eigenen Augen in freier Natur gesehen. Dafür bin ich sehr dankbar. Zu den „großen 5" meines Lebens zählen meine Familie, die Natur, meine Reisen in Afrika, mein Beruf und meine Verbundenheit mit der höchsten Kraft, die ich Gott nenne. Das ist das Fundament meines Lebens – das trägt mich und das hält mich.

Seit dem Tod meines Mannes hat sich die Reihenfolge meiner Werte etwas geändert. Dafür haben drei andere Werte an Bedeutung gewonnen: Lebensfreude, Freiheit, Abenteuerlust.

Ich bin sicher, dass du ebenfalls Werte hast, die dich tragen und halten und die du schon herausgefunden hast. Wenn nicht, mach dich auf die Suche und finde sie heraus! Lass dich von ihnen leiten.

Denk daran: Was wirklich wichtig ist, sind die großen Steine, alles andere ist nur Sand.

Mut tut gut
Entdecke die Pippi Langstrumpf in dir!

Kannst du dich daran erinnern, wie du als Kind warst? Warst du ein wildes, freches, sogar aufmüpfiges Kind, oder warst du gehorsam, brav, artig? Hast du dich nach den Regeln der Erwachsenen, deiner Eltern, Großeltern, deiner Lehrer und später deiner Chefs gerichtet und dich daran gehalten, oder hast du rebelliert und nach deinen eigenen Regeln gelebt? Welche Erfahrungen hast du dabei gemacht, wenn du nicht den Anordnungen der Erwachsenen Folge geleistet hast?

Wir lernen schon sehr früh in unserer Kindheit, wie wir zu sein haben, und es hat meist schmerzliche Konsequenzen, wenn wir uns anders verhalten und frech, keck und mutig sind. Dabei gilt für Mädchen leider immer noch ein anderer Verhaltenskodex als für Buben.

Ich kenne das aus eigener Erfahrung. Wenn sich mein jüngerer Bruder vor Wut auf den Boden warf und „bitzelte", war das mehr oder weniger okay für meine Eltern. Mir wurde das hingegen nicht erlaubt. Es genügte schon, wenn ich wütend die Tür zuknallte. Dann regte sich meine Mutter tagelang über mein Verhalten auf, missbilligte es und schimpfte mit mir.

Zurück reden und frech sein war auch ein No-Go in meiner Kindheit. Als Teenager wagte ich es manchmal und rebellierte. Speziell mit meiner Mutter gab es manchmal heftige Kontroversen, die so endeten, dass sie den ganzen Tag kein Wort mehr mit mir redete und mich ignorierte.

Du kannst dir vorstellen, wie ich mich daher viele Jahre verhielt. Ich war die brave Tochter, folgsam, pflichtbewusst und angepasst. In der Schule war ich ebenso, es gab keinerlei Probleme mit mir. Ich lernte leicht und gut und bekam gute Noten. Meine Eltern waren kein einziges Mal bei einem Sprechtag, weil es absolut nicht notwendig war.

Ich habe jung mit 19 Jahren geheiratet. Ich bemühte mich, die beste Ehefrau von allen zu sein und machte alles so, wie mein Mann das wollte, oft schon in vorauseilendem Gehorsam. Das fiel mir lange überhaupt nicht auf, weil ich ihn liebte und es für selbstverständlich hielt.

Dass Frauen sich unterzuordnen haben, war in den 60er-Jahren des vorigen Jahrhunderts noch so. Sie durften ohne Zustimmung ihres Mannes nicht einmal berufstätig sein. Das ist heute unvorstellbar. Zum Glück hat sich hier enorm viel verändert.

Wenn ich zurückdenke an die Zeit, als ich 20, 30 Jahre alt war, fällt mir keine Situation ein, in der ich frech, keck und mutig war. Das stimmt mich im Nachhinein noch traurig. Wo war die Christa, die mutig war, die tat, was sie wollte, und nicht nur das, was andere wollten? Gab es die nicht?

Doch! Eine kleine Stimme in mir meldete sich immer öfter und machte mich leise aufmerksam, wenn mir etwas gegen den Strich ging. Ich wurde unzufriedener mit meinem Leben. Nur Ehefrau, Hausfrau und Mutter zu sein, füllte mich auf Dauer nicht aus. Ich wollte raus, zurück in meinen Beruf, aber das ging ja wegen der Kinder nicht – dachte ich zumindest damals.

Vielleicht hast du ähnliche Erfahrungen gemacht oder machst sie noch?
Warum bleiben wir oft in Situationen und Beziehungen – sei es im Job oder privat – die uns unzufrieden und unglücklich machen?

Die Antwort ist ganz einfach: Weil wir sie kennen! Wir befinden uns in unserer Komfortzone. Innerhalb der Komfortzone ist uns alles vertraut. Alles ist kontrollierbar und berechenbar. Hier gibt es keine unangenehmen Überraschungen. Der große Nachteil daran: Hier gibt es auch kein Wachstum und keine Weiterentwicklung. Aus der Komfortzone ausbrechen und vertraut gewordene Gewohnheiten ändern, bedeutet erst einmal Stress, Chaos und Bedrohung und kostet Energie. Daher bleiben wir lieber in der Komfortzone.

Was versteht man unter Komfortzone?

Wenn du jedes Mal den gleichen Weg zur Arbeit fährst, jedes Jahr den gleichen Urlaub buchst oder seit zehn Jahren immer das gleiche Gericht bei deinem Lieblingsitaliener bestellst, dann befindest du dich mitten in deiner Komfortzone. Dort fühlst du dich meistens sicher und wohl, weil du dich auf gewohntem Terrain befindest. Wer jedoch ständig in seiner Komfortzone lebt, der lernt nichts Neues, der wird unflexibel, der entwickelt sich nicht weiter.
Stell dir deine Komfortzone wie einen Kreis vor, in dessen Mitte du dich befindest. Um dich herum angeordnet sind Ruhe, Bequemlichkeit, Geborgenheit, Harmonie, Ordnung, Sicherheit.
Ganz klar, dass du dich in dem Kreis wohlfühlst.
Doch Wachstum und Weiterentwicklung finden nur außerhalb der Komfortzone statt.
Stell dir jetzt um den Kreis herum ein Quadrat vor. In dem Quadrat außerhalb der Komfortzone befinden sich Begeisterung – Erfolg – Ungewohntes – Chancen – Spaß – Spannung – Lebensfreude – Risiko – Chaos.

Das alles ist für dich neu und unbekannt. Es liegt außerhalb deiner Komfortzone. Alles, was sich dort befindet, macht dir klarerweise Angst, weil du es nicht kennst. Es kostet dich erst einmal Überwindung und Anstrengung. Obwohl manches reizvoll und verlockend für dich ist, zögerst du daher, die Komfortzone zu verlassen. Wenn du in deinem Leben wirklich weiterkommen willst, musst du oft Dinge tun, die außerhalb deiner Komfortzone liegen. Dafür musst du dich meistens deinen Ängsten stellen. Denn alles, was du nicht kennst, macht dir verständlicherweise zuerst einmal Angst. Hier begegnet dir ein großer Gegner: dein limbisches Gehirn.

Das limbische Gehirn ist jener Teil in deinem Gehirn, der dich vor Gefahren und Veränderungen schützen möchte. Es stammt aus grauer Urzeit, als das Überleben der Menschen durch große Gefahren bedroht wurde und lebensgefährlich war. Stichwort Säbelzahntiger! Daher signalisiert es dir immer, wenn du etwas Neues machen willst, was du so noch nie zuvor versucht hast: **Neu = Gefahr!** Dieser Teil in deinem Kopf hält dich davon ab, Dinge zu machen, die wichtig für dich sind. Du hast Angst. Angst ist jedoch der beste Hinweis darauf, dass du dich gerade aus deiner Komfortzone heraus bewegst. Das erklärt auch, dass du dich vor der Aufgabe drückst, anstatt sie anzupacken. Dein Gehirn lässt sich alle möglichen Ausreden einfallen, damit du dich der Aufgabe nicht stellen musst.
Beispiele hierfür können sein: „Ich habe jetzt keine Zeit, keine Lust oder ich muss unbedingt noch dies und das erst erledigen, was anderes ist gerade viel wichtiger..."

Was hilft uns nun, die Angst zu überwinden und zu handeln trotz unserer Angst?
Richtig: Mut! Das Schöne daran, wenn wir aus der Komfortzone ausbrechen und uns etwas trauen, ist zu sehen, dass wir es schaffen oder geschafft haben. Das gibt uns Selbstvertrauen und wir wachsen über uns hinaus. Ich hätte nie Skifahren oder Autofahren gelernt, wenn ich meine Angst nicht überwunden und die Komfortzone verlassen hätte.

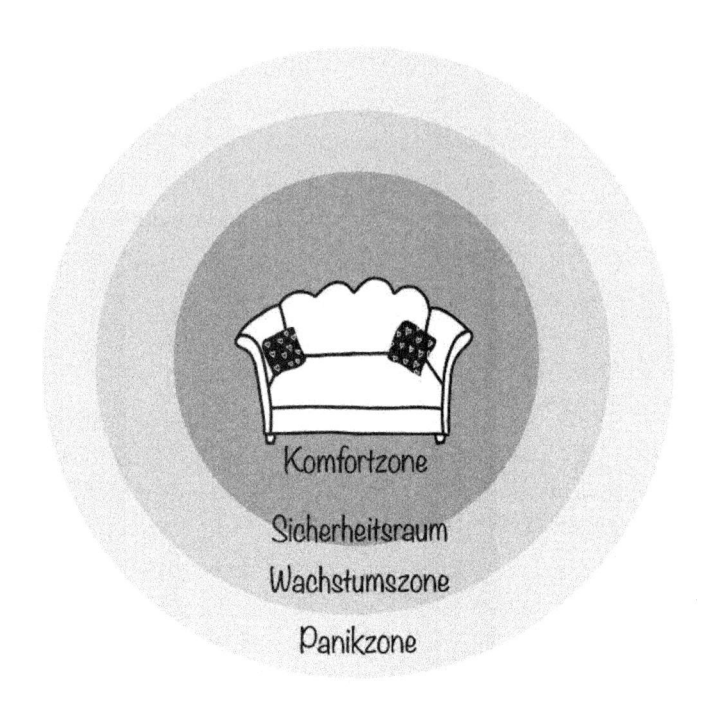

Komfortzone
Sicherheitsraum
Wachstumszone
Panikzone

Ich muss schmunzeln, wenn ich daran denke, dass ich mich im September 2020 spontan entschlossen habe, Online-Angebote für meine Seminare zu erstellen, weil wegen der Covid-Beschränkungen Seminare und Workshops vor Ort nicht mehr möglich waren. Ich stand vor der Alternative, entweder meine Tätigkeit als Spiegelgesetz-Expertin und Mentaltrainerin zu beenden oder zu lernen, wie ich online damit arbeiten kann und Online-Kurse anzubieten. Wiederum Neuland für mich. Speziell vor der Technik hatte ich Angst, denn Technik war noch nie mein Ding. Trotzdem meldete ich mich zuerst zu einer Seminarwoche und dann zu einem Coaching-Programm an, um mehr über das Online-Business zu lernen. Natürlich war ich mit **76** bei weitem die älteste Teilnehmerin. Das störte mich nicht. Ich wollte es einfach und darum tat ich es trotz meiner „Technikphobie". Step by step lerne ich den Umgang damit und schön langsam blicke ich durch. Und es macht mir sogar Spaß, Videos zu drehen. Es freut mich sehr, dass viele mich bewundern und mich als Vorbild, als „Role Model" bezeichnen. Dieses Kompliment kann ich heute annehmen und das ist ein Zeichen, dass mein Selbstbewusstsein und mein Selbstvertrauen enorm gewachsen sind.

Es gab jedoch einige Bereiche, in denen ich mich bisher noch nicht aus meiner Komfortzone getraut habe. Tanzen und Männer waren so ein Thema, bei denen ich fast mein ganzes Leben in meiner Komfortzone geblieben bin. Obwohl ich von Herzen gerne getanzt hätte – ich liebe es zu tanzen – und mir einen Partner und Herzensfreund sehr wünschte, spürte ich lange, dass mich etwas hemmt, dass alte Glaubenssätze mich einschränken. Was soll ich sagen? Ich kam ihnen auf die Schliche, während ich dieses Buch schrieb. Es war eine alte, schmerzliche Geschichte, die mich seit meiner Tanzschulzeit verfolgt hat und die ich mir immer wieder erzählt habe, nämlich, dass mich Männer wegen meiner Größe und Stärke ablehnten und dass ich einfach nicht hübsch genug sei.

Weißt du, was erfolgreiche von weniger erfolgreichen Menschen unterscheidet? Erfolgreiche Menschen suchen förmlich nach Situationen, in denen sie ihren Mut beweisen können. Sie scheuen sich nicht davor zurück, ihre Komfortzone zu verlassen, sondern sehen dies als Chance, über sich hinauszuwachsen. Das kannst du auch! Du musst dafür nicht gleich den Mount Everest besteigen oder eine Rede vor 1.000 Menschen halten. Wenn du noch Angst hast, beginne mit kleinen Schritten. Du wirst sehen, dass du damit Selbstvertrauen gewinnst, das dir auch in anderen Bereichen deines Lebens hilft.

Wie du bereits weißt, habe ich erst spät den Führerschein gemacht und bin die ersten Jahre auch nur sehr selten mit dem Auto gefahren. Immer wieder fand ich eine Ausrede, warum ich nicht mit dem Auto fahren wollte. Ich fuhr hauptsächlich kleinere

Strecken über Land im Waldviertel und in Wien einige mir bekannte Strecken zum Einkaufen und zu meinen Kindern, um sie zu besuchen. Als mein Mann vor einigen Jahren krank wurde und 2019 starb, wurde ich mutiger, denn jetzt gab es nur die Möglichkeit, selbst mit dem Auto ins Waldviertel zu fahren oder in Wien zu bleiben. Meine Zuversicht und mein Selbstbewusstsein wuchsen. Es gibt zwar immer noch Strecken, um die ich einen weiten Bogen mache, aber ich nehme auch hier Herausforderungen immer öfter an und beweise mir damit selbst, dass ich es schaffen kann.

Eine Übung, die mir sehr gut gefällt, ist jene von Viktoria Schretzmayer, die Mut als eine Art Muskel sieht, den man trainieren kann. Je mehr du deinen Mut-Muskel trainierst, indem du aus deiner Komfortzone herausgehst und dich mit neuen Situationen konfrontierst, umso mehr kannst du dich deiner Angst stellen, statt ihr aus dem Weg zu gehen. Hilfreich ist dabei, dass du dir in Erinnerung rufst, was du schon alles geschafft und in welchen Situationen du bereits Mut bewiesen hast.

Übung: Ein stärkender Blick in deine Vergangenheit

Ich lade dich dazu ein, dich an drei Herausforderungen zu erinnern, die du in der Vergangenheit erfolgreich gemeistert hast, und in denen du Mut bewiesen hast. Setz dich an deinen Lieblingsplatz, nimm dein Notizbuch zur Hand. Schließe die Augen, erinnere dich an drei Situationen und schreib sie auf!
1.
2.
3.

Stell dir anschließend folgende Fragen:
- „Welcher Eigenschaft verdanke ich es, dass ich die Herausforderungen gemeistert habe?"
- „Inwiefern war ich kreativ und erfinderisch?"
- „Was habe ich daraus gelernt, was mich zukünftig anspornen und motivieren kann?"

Ein Talisman wie eine kleine Figur, ein schöner Stein oder ein Schmuckstück kann dir bei der Übung zusätzlich als Anker dienen. Jedes Mal, wenn du ihn in die Hand nimmst, soll er dich mit Mut, Kraft und Energie erfüllen.
(Vgl.: Viktoria Schretzmayer, "100% Ich-Programm")

Ich habe einmal einen schönen, glatten schwarzen Stein in einem Bachbett gefunden. Während des Führerscheinkurses habe ich diesen Stein bei jeder Fahrstunde und dann bei der Führerscheinprüfung bei mir getragen. Ich habe ihn in die Hand genommen und er hat mich mit Mut und Kraft erfüllt.

Zerbrich deinen Krug!

„Welchen Krug?", fragst du dich? Der, in den wir uns oft selbst stecken, ohne zu erkennen, dass wir damit unser Wachstum bremsen. Wie in einer alten Geschichte über einen Bauern, der einen kleinen Kürbis findet und ihn in einen Krug gibt, um ihn zu schützen. Nichtsahnend, dass er ihm damit mehr schadet als hilft, weil der Krug verhindert, dass der Kürbis zu seiner vollen Größe heranwachsen kann. Kommt dir so ein Denken bekannt vor? Wir alle haben unsere begrenzenden Überzeugungen, die uns eine Zeitlang Geborgenheit und Schutz bieten. Doch

irgendwann werden sie zu einem einengenden Krug, der unser Potenzial und unsere Möglichkeiten begrenzt und verhindert, dass wir wachsen können. Einige dieser Überzeugungen sind bewusst, andere in unserem Unterbewusstsein verborgen. Wenn du niemals Risiken eingehst, wirst du vielleicht niemals deinen Krug verlassen, was einem Stillstand gleichkommt. Lass eine Überzeugung deshalb nur so lange in deinem Leben, wie sie dir dient, sobald sie jedoch dein Wachstum begrenzt, überdenke sie erneut. Denn erst wenn du deinen Krug verlässt, wirst du erkennen, wie erfolgreich du tatsächlich werden kannst!
(Vgl.: Harry Palmer, "Der Avatar-Weg. Der Weg, den wir gekommen sind")

Einmal um die ganze Welt
Interview mit Heidi Zöchling

Eine Frau, die aus ihrem Krug ausgebrochen und dadurch zweifelsohne gewachsen ist, ist Heidi Zöchling. Ich hatte das Glück, sie zu ihrem Abenteuer einer Weltreise auf eigene Faust interviewen zu dürfen. Heidi ist 59 Jahre alt, wohnt im südlichen NÖ und ist von Beruf Volksschullehrerin. Außerdem hat sie viele zusätzliche Ausbildungen gemacht. Sie ist Mutter von drei erwachsenen

Söhnen und seit 2020 glückliche Oma. Ein weiteres Enkelkind ist unterwegs.

Du hast vor einiger Zeit ganz alleine eine Weltreise unternommen. Das erforderte bestimmt viel Mut. Was hat dich dazu bewogen?
Mein Auszeitjahr für die Weltreise war ein eher spontaner Entschluss. Ich nahm ein Jahr Karenz gegen Entfall der Bezüge und verkaufte mein Haus, damit ich meine Reise, die Einlagerung meines Hausrates und danach eine neue Wohnung finanzieren konnte. Der Traum vom Reisen, speziell in Südamerika, war immer schon in mir. Mit 17 machte ich eine Interrail-Tour mit Freundinnen durch Europa. Mit 19 verbrachte ich sechs Wochen mit meinem späteren Ehemann in Mexiko. Mit 21 besuchte ich ihn auf Montage in Dubai, das damals nicht viel mehr als ein Wüstendorf war. Dann kamen die Kinder und die Urlaube veränderten sich: Bauernhof, Camping, Hotel, ... auch alles schön, aber die Sehnsucht nach unabhängigen Reisen mit Rucksack blieb irgendwie in mir. Als meine Kinder dann außer Haus waren und die Beziehung zerbrach, war ich 49 Jahre alt und spürte, dass eine Veränderung anstand. Wann, wenn nicht jetzt? Als der Bruder einer Freundin plötzlich verstarb, war das der Auslöser, das zu groß gewordene Haus zu verkaufen. Worauf warten, wenn alles so schnell vorbei sein konnte? Ich begann, meine Pläne zu konkretisieren. Aus drei Monaten in drei verschiedenen Ländern wurden mit einem Round-The-World-Ticket fünf Monate in elf verschiedenen Ländern.

Was waren Herausforderungen für dich auf der Weltreise?
Ich lernte, mit sehr wenig auszukommen. Der Vorrat an Bekleidung war winzig und wurde immer wieder in Wäschereien getragen. Ein paar feste Schuhe, ein paar Trekkingsandalen und Flipflops mussten als Schuhwerk reichen. In jedem Hotel machte ich

es mir so gemütlich wie möglich, war es doch für einige Tage meine Heimat. Es war jedoch nicht immer leicht, denn die Herbergen sollten wenig Geld kosten und waren daher oft nicht so, wie man es bei uns gewöhnt ist. Manchmal schlief ich für eine Nacht, oder wenn es sein musste, auch für zwei Nächte in richtigen Spelunken, die eher einer Gefängniszelle als einem Hotelzimmer ähnelten und auch allerlei Getier beherbergten. Internet gab es fast überall, sodass ich immer das nächste Quartier schon im Voraus buchen konnte.

Woraus hast du deine Kraft und deinen Mut geschöpft?
Ich weiß nicht, woher sie kamen, aber wenn du spürst, dass etwas zu dir gehört, dann musst du es einfach tun, um glücklich und zufrieden zu sein. Dann denkst du nicht lange nach und tust es einfach. Ich war in einem solchen Vertrauen, dass ich kaum jemals Zweifel an dem Projekt hatte. Ich sah mich immer in einer Wolke oder Hülle voller Licht, durch die nichts Negatives oder Gefährliches durchdringen konnte. Ich fühlte mich geschützt und hatte nie wirklich Angst.

Hat sich in dir durch die Eindrücke deiner Weltreise, durch den Blick über den Tellerrand, etwas verändert?
Mitgenommen habe ich jede Menge Erinnerungen an unglaubliche Plätze und Erlebnisse. Ich habe gelernt, worauf es im Leben ankommt, und welche Bedürfnisse ich wirklich habe. Ich weiß jetzt, dass ich mit sehr wenig glücklich sein kann, aber durchaus auch den Luxus eines schönen Essens, eines guten Weins und eines teuren Hotels zu schätzen weiß. Vielleicht hat sich meine Sicht auf die Dinge, die wir als selbstverständlich nehmen, verändert. Ich weiß sie jetzt mehr zu schätzen.
Es ist nämlich nicht selbstverständlich, dass...
...in jedem Zimmer genügend Steckdosen vorhanden sind, aus denen auch zu jeder Zeit Strom kommt.
...das Leitungswasser trinkbar ist.

...aus der Dusche warmes Wasser kommt, und zwar reichlich..
...man ohne große Bedenken auch nachts spazieren gehen kann.
...Strände sauber sind usw.

Wie hast du dich unterwegs gefühlt?
Glücklich und neugierig auf jeden neuen Tag. Ich habe mich selbst wieder gefunden, war völlig in meiner Mitte. Manchmal habe ich mich auch etwas einsam gefühlt, aber durchs Internet konnte ich ja immer wieder Kontakt zu meiner Familie und meinen Freundinnen aufnehmen. Oft hat mir jemand gefehlt, dem ich diese großartigen Erlebnisse erzählen konnte. Daher habe ich eine Menge Fotos gemacht und einen Blog geschrieben, den sehr viele meiner Bekannten verfolgt und sich über meine Erlebnisse mitgefreut haben.

Wenn du auf deine Reise zurückblickst – was möchtest du anderen Menschen mitgeben?
Nicht jede*r hat das Bedürfnis, allein eine Weltreise zu machen. Aber wenn es etwas gibt in deinem Leben, das du immer schon tun wolltest, dann wirf alle Zweifel über Bord, informiere dich gründlich, bereite dich gut vor und dann vertrau darauf, dass es gelingen wird, weil es einfach zu dir gehört. Hör nicht auf die, die es dir ausreden wollen. Tu es!

Vom Mut, übermütig zu sein

„Übermut tut selten gut!" Dieses Sprichwort fällt mir sofort ein, wenn ich das Wort Übermut höre.
Warum eigentlich? Mut wird doch als etwas Gutes angesehen. Warum ist Übermut also negativ behaftet?
Mir fällt bei Übermut immer das Wort Leichtsinn ein. Und Leichtsinn gefällt mir persönlich sehr gut. Er bedeutet für mich, leichten Sinnes zu sein – im Gegenteil zu ernst und besonnen.

Leichtsinnigkeit ist das Fehlen von Vorsicht und Sorgen und das Synoym für Sorglosigkeit, Unbekümmertheit und Leichtfertigkeit. Jugendliche sind oft leichtsinnig und unvorsichtig. Sie gehen Risiken ein und denken nicht an Gefahr und Verantwortung. Erwachsene verurteilen dieses Verhalten oft und bezeichnen es als rücksichtslos und verantwortungslos.
Wie verhältst du dich? Bist du manchmal übermütig und leichtsinnig? Oder bist du besonnen und ernst, wiegst alle Risiken hundertmal ab und hast immer alles unter Kontrolle?
Ich war in meiner Kindheit selten übermütig und leichtsinnig. Die frühe Verantwortung, die ich auf meinen Schultern trug, verhinderte, dass ich vor Freude Luftsprünge machte, und um ausgelassen mit meinen Freundinnen herumzutollen, hatte ich kaum Zeit. Ich war die folgsame Tochter, die gute Schülerin, das brave Kind. Doch die andere Seite gab es auch in mir, auch wenn ich sie lange unterdrückte und nicht zuließ.

Mein ganzes Leben habe ich Menschen bewundert, die das Leben leicht nehmen und optimistisch sind. Ich selbst zähle mich heute auch zu den Personen, die vorwiegend die positiven Seiten des Lebens sehen und dafür bin ich dankbar.
Doch das war nicht immer so. Wenn ich mir alte Fotos aus meiner Kinderzeit anschaue, fällt mir auf, dass ich immer ein ernstes Gesicht mache und nie lache. Das stimmt mich nachdenklich und ich frage mich: Warum war ich so ernst? Es waren die 50er Jahre, die Nachkriegszeit, schwierige Zeiten. Es fehlte an allen Ecken und Enden. Meine Eltern, die 1945 ihr bescheidenes Hab und Gut in der damaligen Tschechoslowakei zurücklassen hatten müssen, waren arm und mussten beide Geld verdienen. Daher war ich schon sehr früh auf mich allein gestellt. Als mein Bruder im Jahr 1951 zur Welt kam, sagte meine Mutter oft zu mir: „Du bist meine Große, meine Vernünftige! Auf dich kann ich mich verlassen!" Dabei war ich selbst erst sieben Jahre alt. Als meine Eltern

zwei Jahre später ihren Traum verwirklichten und ein Haus bauten, musste ich mich oft um meinen kleinen Bruder kümmern, während meine Eltern arbeiteten. Wenn ich heute an diese Zeit zurückdenke, bin ich voller Mitgefühl für das ernste, kleine Mädchen auf den Fotos meiner Kindheit. Doch ich weiß heute, dass die Einsamkeit meiner Kindheit und die frühe Verantwortung auch ihr Gutes hatten. Ich lernte, mich gut allein zu beschäftigen und hatte viel Raum für Fantasie. Ich las leidenschaftlich gern, und so erschloss sich mir der Reichtum der Dichtung. Meine Abenteuer spielten sich im Kopf ab. Ich lebte in der Welt der Fantasie, ich tauchte ein in die Abenteuer meiner Helden und Heldinnen. Das war unglaublich spannend! Da ich interessiert und wissbegierig war, lernte ich viel durch das Lesen. Langeweile kannte ich daher kaum. Die Verantwortung für meinen kleinen Bruder, der mir oft sehr lästig war, förderte auf der anderen Seite mein Zusammengehörigkeitsgefühl und meinen Familiensinn.

Was jedoch bei alldem völlig zu kurz kam, war meine leichte, unbeschwerte Seite. Ich hatte zu wenig Zeit, um ausgelassen mit anderen Kindern herumzutollen, Blödsinn zu machen, mich zu vergnügen und Spaß zu haben. Ich war daher selten unbeschwert und unbekümmert. Leicht und frei zu sein, erlaubte ich mir viele Jahre nicht. „Ich trage die Verantwortung für das Wohlbefinden meiner Familie!", war eine unbewusste Überzeugung, die ich seit meiner Kindheit mitschleppte, nach der ich mich in meiner Ehe verhielt, und die mich mit den Jahren immer mehr belastete. Natürlich erschuf ich damit meine Erfahrungen in meinem Leben. Sogar mein Körper zeigte mir diese Belastung deutlich sichtbar als Übergewicht.

Mein Vorbild Pippi Langstrumpf

Für die leichte und lustige Seite in mir hatte ich als Jugendliche ein ganz großes Vorbild. In einem Kinderbuch gab es ein Mädchen, das all das mit einer Selbstverständlichkeit machte, was in meinem Leben zu kurz kam oder sogar ganz fehlte, und das ich deswegen beneidete. Pippi Langstrumpf, eine berühmte Romanfigur aus der Feder der großen schwedischen Kinderbuchautorin Astrid Lindgren, war immer schon mein Idol.
Was fiel mir an Pippi besonders auf? Was beeindruckte mich so? Wie ist Pippi?
Sie ist frei und unabhängig.
Sie ist stark und mutig.
Sie ist fantasievoll und erfinderisch.
Sie ist spontan und großzügig.
Sie weiß, was sie will.
Sie tut, was ihr gefällt.

Was hältst du von einem Mädchen wie Pippi? „Die ist ja nur erfunden", sagst du? „Im wirklichen Leben kann man nicht so sein. Wo kämen wir da hin? Das geht doch nicht! Man kann doch nicht einfach tun, was man will. So egoistisch darf man nicht sein. Man muss doch Rücksicht nehmen auf andere!" Klingen so in etwa deine Einwände und Bedenken? Fahre ruhig fort damit. Ich kenne sie alle. Lange Zeit habe ich ebenso gedacht wie du.
Als ich im fortgeschrittenen Alter von 56 Jahren wagte, den Führerschein zu machen, und all die Turbulenzen in meiner Partnerschaft erlebte, die sich daraus ergaben; als ich im Jahr 2000 die Ausbildung zum Spiegelgesetz-Coach absolvierte und mich damit selbstständig machte; als ich mir gegen den Willen meines Mannes ein Handy zulegte, mit dem Computer zu arbeiten begann und anfing, Bücher zu schreiben, machte mich eine Kollegin, die ich sehr schätze, auf Folgendes aufmerksam: „Du hast viel von einer Pippi Langstrumpf in dir. Du weißt es nur noch

nicht." Damals habe ich nicht verstanden, was sie damit meinte, heute weiß ich es.

Es dauerte viele Jahre, bis ich unbekümmert und übermütig sein konnte und mir Luftsprünge gestattete. In den letzten Jahren erlaube ich es mir immer öfter, übermütig, ausgelassen, leichtsinnig zu sein, und ich habe Spaß daran. Ich möchte nicht mehr tauschen mit dem ernsten Mädchen und der angepassten, biederen, jungen Frau, die es ständig allen recht machen wollte.
Heute mach ich es MIR recht und erlaube mir, zu jubeln, zu feiern, leicht und frei zu sein und dabei ausgelassen durch die Wohnung zu tanzen und zu singen „I am alive!"
All das erforderte Mut und Stärke. Mich trauen, mir vertrauen und etwas zutrauen, das habe ich erst entwickelt. Ich habe mich verändert. Und das tut mir einfach gut.
Ich bin mit den Jahren echter, ehrlicher und authentischer geworden. Seither schaue ich öfter auf mich und meine Wünsche und äußere sie auch. Sehr oft tue ich, was für mich richtig ist, und was mir gefällt. Früher habe ich mich fast immer nach anderen gerichtet. Ich habe aus Rücksicht auf meine Familie und was die „Leute" sagen könnten, vieles nicht so gemacht, wie ich wollte, sondern so wie andere es wollten, oder wie es sich „gehört". Nicht ich war mein Maßstab, sondern andere. Das hat mich oft unzufrieden und traurig gemacht. Heute stehe ich zu mir. Ich handle oft, wie es mir gefällt und wie es für mich stimmt. Ich bin, wie ich bin! Und das ist okay! Sein zu dürfen, wie ich bin, gibt meinem Leben die Leichtigkeit und die Lebensfreude. Nicht „ich muss" zu sagen, sondern „ich möchte" und „ich darf", erschafft in meinem Leben eine neue Qualität der Unbeschwertheit und der Freude.

Aus meiner Lebenserfahrung heraus empfehle ich dir: Mach dir nicht zu viele Sorgen. Denk nicht zu viel an morgen. Lebe! Lebe jetzt! Sei übermütig, sei überschäumend vor Lebenslust und

Lebensfreude! Du hast nur dieses eine Leben! Mach was draus! Tu, was dir gefällt!

Ich möchte dich nun einladen, auf die Suche nach der Pippi Langstrumpf in dir zu gehen oder nach einem anderen Vorbild, das du wegen seines bzw. ihres Mutes bewunderst.

Übung: Was schätzt du an deinem Vorbild?

- Was fällt dir an deinem Vorbild besonders positiv auf?
- Was beeindruckt dich?
- Was berührt dein Herz?
- Beschreibe die Eigenschaften und das Verhalten deines Helden/deiner Heldin: Wie ist er/sie? Was macht er/sie?

Deine Vorbilder spiegeln dich, sie dienen dir als Spiegel, in dem du Wichtiges über dich erkennen kannst und zeigen dir deine verborgenen Schätze.

Alles, was wir an anderen bewundern und was uns beeindruckt, hat mit uns selbst zu tun.

Wie ich im Kapitel über das Spiegelgesetz einige Male erwähnt habe, dient uns unsere Außenwelt als Spiegel unseres Bewusstseins. Ganz gleich, ob uns an anderen etwas stört, aufregt, kränkt und wir ihr Verhalten verurteilen, oder ob wir an anderen etwas bewundern und uns ihr Verhalten berührt – es hat immer mit uns selbst zu tun. Es gibt uns zu erkennen, wie wir sind!

Für mich ist zum Beispiel die Vollblutsängerin Tina Turner seit vielen Jahren ein Vorbild:
Ich bewundere an ihr ihr **Temperament** und ihre **Leidenschaft.**

Ihre totale **Bühnenpräsenz,** sie rockt die Bühne voller Spaß und Lebensfreude.

Sie ist **alterslos, fit und vital** und hat **enorme Power** für ein Monsterprogramm, das sie auf der Bühne darbietet.

Sie hat die **Krisen** mit ihrem Ex-Mann **gemeistert** und ist wie Phönix aus der Asche auferstanden und **mega-erfolgreich** geworden. Ich bewundere ihr **lässiges Outfit,** ihre **Ausstrahlung** und ihr Charisma.

Sie ist 100-prozentig **echt und authentisch**, es **kümmert sie nicht, was andere sagen.**

Ich weiß nun, das kann ich auch! Ich sehe im Spiegel mein Potenzial.

Welche dieser Eigenschaften kommen in meinem Leben schon vor?

Ich bin echt und authentisch und kümmere mich immer weniger darum, was andere sagen. Ich strahle Lebensfreude aus. Ich bin alterslos, fit und vital.

Welche Eigenschaften fehlen noch?

Temperament, Leidenschaft, Spaß, Bühnenpräsenz, Mega-Erfolg, lässiges, sexy Outfit.

Möchte ich das in meinem Leben zum Ausdruck bringen?

Ja!

Was hindert mich daran?

Vielleicht die Angst vor meiner eigenen Größe?

Auf zur inneren Schatzsuche!
Finde und nutze deine Talente

Willst du dich mit mir auf Schatzsuche begeben? Es geht nicht um kostbare Juwelen, Gold oder Geld. Es geht vielmehr um deine inneren Schätze, die Perlen in dir. Es sind deine Talente, Begabungen und Stärken, die du von Kindheit an hast, und die es wieder zu entdecken und zu finden gilt. Du brauchst dazu keine komplizierte Schatzkarte, du brauchst nur einen Spiegel, in dem du dich erkennen kannst.

In dieses Leben hast du Talente mitgebracht,
bringe sie zum Blühen.
Robert Betz

Übung: So findest du deinen inneren Schatz

Ich lade dich ein, auf Schatzsuche zu gehen und folgende Fragen ehrlich zu beantworten. Du kannst die Antworten wieder in dein Notizbuch schreiben. Schau, dass du in der nächsten halben Stunde nicht gestört wirst. Setz dich auf deinen Lieblingsplatz, zünde eine Kerze an und lasse im Hintergrund leise deine Lieblingsmusik laufen. Atme einige Male in deinem eigenen Rhythmus tief ein und aus. Komm zur Ruhe.

Was konntest du schon als Kind besonders gut?
Was ist dir besonders leichtgefallen?
Was hat dir Freude gemacht?
Woran hattest du Spaß?
Bei welchen Tätigkeiten bist du glücklich?

Wir wissen, bei welchen Tätigkeiten wir froh sind und uns warm ums Herz wird, bei denen Raum und Zeit um uns verschwimmen und die Zeit wie im Flug vergeht, aber wir nehmen sie nicht so wichtig. Wir verschieben sie auf später, dann, wenn wir unsere Arbeit erledigt haben, auf morgen. Doch dieses Morgen kommt nie!
Auch wenn es vielleicht sehr hart klingen mag: Du schadest dir mit diesem Verhalten. Du beraubst dich selbst deiner Kraft und Energie. Denn gerade bei dem, was dich erfüllt und froh macht, tankst du Energie und lädst deine Batterien auf. Und dann geht dir auch alles andere flott und leichter von der Hand.
Nimm dir ab jetzt mehr Zeit für die Dinge, die dich glücklich machen!

Jeder von uns ist mit besonderen Talenten und Begabungen gesegnet, die uns in die Wiege gelegt wurden. Diese Begabungen sind Geschenke. Wenn wir sie anwenden, können wir auf bestimmten Gebieten Außergewöhnliches leisten. Sie helfen uns, zu erfüllen, wozu wir auf der Welt sind. Sie sind der Schlüssel zu unserem persönlichen Lebensglück.
Einige Beispiele für solche Talente möchte ich hier anführen: Künstlerische Begabung, handwerkliches Geschick, ein gutes Zahlengedächtnis, Organisationstalent, Sprachbegabung, räumliches Vorstellungsvermögen, rasche Auffassungsgabe, doch auch Einfühlungsvermögen, Sinn für Humor, guter Geschmack und noch vieles mehr.

Hast du schon einmal darüber nachgedacht, worin deine Stärken liegen? Oder meinst du, du hättest keine? Jede/r von uns ist etwas Besonderes und hat ihre/seine individuellen Talente, die ihre/seine persönliche Einzigartigkeit ausmachen. Viele Menschen tun sich schwer, ihre Begabungen aufzuzählen. Sie halten das, was ihnen leichtfällt, für nichts Besonderes und werten es damit ab. Aber sie haben kein Problem damit, aufzuzählen, was ihnen schwerfällt, oder was sie nicht können.

Hier eine kleine Übung, mit der du deine Gaben und Talente, die du in dieses Leben mitgebracht hast, erkennen kannst.

Übung: Welche Talente stecken in dir?

Bei dieser Übung ist es wichtig, nicht zu grübeln, sondern einfach alles aufzuschreiben, was dir in den Sinn kommt. Beschränke dich auch nicht auf deine beruflichen Aufgaben. Es gibt viele Tätigkeiten, die dir leichtfallen, Freude machen, und in denen du gut bist. Vermeide auch, dich mit anderen zu vergleichen. Es geht darum, was du gut kannst, und nicht, was du besser oder schlechter kannst als andere.

Setz dich auf deinen Lieblingsplatz, mach es dir bequem und atme einige Male tief ein und wieder aus in deinem eigenen Tempo, bis du zur Ruhe kommst. Nimm dein Notizbuch zur Hand und schreib spontan alles auf, was dir zu folgender Frage einfällt:

„Was kann ich gut, was tue ich gern und was macht mir Freude?"

Lass dir für deine Antworten mindestens eine halbe Stunde Zeit.

Wenn ich auf meine Kindheit zurückblicke, fällt mir sofort ein, dass ich schon in der Volksschule sprachbegabt war und Fantasie hatte. Ich konnte seitenlange Aufsätze schreiben und mir fiel immer etwas ein. Auch im Gymnasium bekam ich in Deutsch meist ein "Sehr gut", ja sogar im Maturazeugnis steht diese Note. Fantasie und Ideenreichtum zählten von jeher zu meinen Stärken.

Lange ließ ich diese Talente ruhen. Erst im Zuge meiner Tätigkeit als Leiterin von Kursen zum Schlankwerden setzte ich sie wieder vermehrt ein. Das Vorbereiten der Kursthemen forderte und förderte mich in dieser Richtung. Das machte mir viel Freude und meine Kursteilnehmer profitierten davon. Seit ich Bücher schreibe, weiß ich erst, wie beglückend und erfüllend das Schreiben für mich ist. Ich brauche mich meist nur zum Computer zu setzen, und schon fließen die Sätze mit Leichtigkeit in die Tasten.

Über weitere Talente freue ich mich ganz besonders, denn auf meine Redegabe, meine Kontaktfreudigkeit, meinen Wissensdurst, meine Begeisterungsfähigkeit, meine Aufgeschlossenheit gegenüber Neuem, mein Interesse an anderen, mein Einfühlungsvermögen, meine Warmherzigkeit, meinen Mut und mein Durchhaltevermögen bin ich stolz!

Du meinst, das ist viel Eigenlob auf einmal? Und außerdem stinkt Eigenlob und Bescheidenheit ist eine Zier? Ja, ich kenne diese Sprichwörter zur Genüge. Lange habe ich mich nach ihnen gerichtet. Heute sage ich: Eigenlob stimmt! Warum soll ich mein Licht unter den Scheffel stellen? Ich weiß, was ich kann und ich kenne meinen Wert. Gott sei Dank! Denn mein Wert war mir lange nicht bewusst. Mich wertzuschätzen, so wie ich bin, zählt sicher zu den Gründen, warum ich mit 77 noch jung, vital und voller Lebensfreude bin.

Ruf dir deine Talente wieder in Erinnerung und erfreue dich daran!

Begabungen werden uns schon in die Wiege gelegt. Vergrabe sie nicht, sondern pflege sie und mach sie zu deinen Stärken. Gib deinem Leben eine neue Qualität!

Nutze die Talente, die du hast! Die Wälder wären still,
wenn nur die begabtesten Vögel sängen.
Henry van Dyke

Übung:
Drei bewundernswerte Menschen

Setz dich auf deinen Lieblingsplatz, schau, dass du in der nächsten Stunde nicht gestört wirst, atme einige Male tief ein und aus und komm bei dir an. Nimm dein Notizbuch zur Hand und deinen schönsten Schreibstift.

Du kannst sowohl Menschen auswählen, die du persönlich kennst oder kanntest, als auch Personen aus dem öffentlichen Leben, die du aus Medienberichten kennst. Du kannst auch eine Romanfigur aus einem Buch auswählen, die dich beeindruckt.

Welche drei Menschen fallen dir ein, die du bewunderst oder als Vorbild für dich bezeichnen würdest? Denk nicht allzu lange nach. Notiere drei Namen. Dann beantworte schriftlich zu jedem der drei bewundernswerten Menschen die folgenden zwei Fragen.

- Welche Eigenschaft hat dieser Mensch in deinen Augen?
- Welche Eigenschaft hättest du selbst gern?

Beispiel:
Gabi wählte ihre Großmutter und beschrieb sie als **ruhig, gelassen, heiter.**
Ferner wählte sie die Schauspielerin Iris Berben. An ihr bewunderte sie, dass sie trotz ihres Alters eine **attraktive, sexy Frau und beruflich erfolgreich ist.**

Als dritte Figur wählte sie eine junge Fernsehsprecherin aus, an der sie ihre **Kompetenz, ihren Wortwitz und ihre Natürlichkeit** sehr bewunderte.

Auf die Frage, welche der Eigenschaften sie selber gerne hätte, antwortete Gabi: **„Heitere Gelassenheit = sich nicht aus der Ruhe bringen lassen; in jedem Alter sexy und attraktiv auszusehen; Wortwitz, Humor und Natürlichkeit."**

Diese Eigenschaften sind – du hast es vermutlich schon geahnt – Gabis Potenzial, das sie hat, und welches sie in ihrem Leben zum Ausdruck bringen soll. Deine Vorbilder sind Spiegelbilder und zeigen dir deine verborgenen Schätze.

Wie aus Träumen Ziele werden

Kennst du das Buch „Der Alchimist" von Paulo Coelho? Gerne will ich dich mit dem Inhalt des Buches vertraut machen, weil es für mich ein Gleichnis ist und eine tiefe Lebensweisheit enthält.

Ein andalusischer Schäfer namens Santiago hat mehrmals hintereinander einen seltsamen Traum. Er träumt von den Pyramiden in Ägypten, und dass er dort einen Schatz finden wird. Bevor er jedoch sieht, wo der Schatz verborgen ist, wacht er jedes Mal auf. Der Schafhirt Santiago findet keine Ruhe mehr, er verkauft seine Schafe und bricht zur Schatzsuche auf. Seine Reise ist voller Abenteuer und führt von den Souks in Tanger über Palmen und Oasen bis nach Ägypten. In der Stille der Wüste findet er sich selbst und erkennt, was das Leben für Schätze für ihn bereithält. Er trifft Fatima, die Liebe seines Lebens, und kriegerische Berber, die ihn bedrohen, vor allem aber Menschen, eine Zigeunerin, einen alten Mann und den weisen Alchimisten, die ihm helfen, die Geheimnisse der Welt zu erkunden. Schließlich findet er den Schatz an einem völlig überraschenden Platz, vor allem aber gelangt er zu tiefem Frieden und Einklang mit der Welt und den Menschen.

Jeder von uns hat seinen Traum, immer wieder. Wer mutig ist, macht sich auf die Reise wie Santiago. Der Weg zu dem verborgenen Schatz ist ein Abenteuer und es gibt so manch unerwartete Erlebnisse und Herausforderungen für uns. Am Ziel angelangt, wartet manchmal eine überraschende Erkenntnis. Wer seinem Traum nicht folgt und nicht aufbricht, den Schatz zu suchen, wird nie wirklich zufrieden sein wegen der Chance, die er vertan hat. Er wird nie wissen, welchen Schatz er gefunden hätte, er wird ruhelos sein und sich sehnen.

Denkst du manchmal daran, was du dir erträumt und gewünscht hast, als du jung warst, und als die Zukunft wie ein ungeschriebenes Buch vor dir lag? Was ist aus deinen Träumen geworden? Hast du ganz auf sie vergessen, oder hast du deine Träume zumindest teilweise verwirklicht?

Als ich ein 18-jähriges Mädchen war, wünschte ich mir sehnlichst eine glückliche Partnerschaft mit einem Mann, den ich liebe und der mich liebt. Ich wünschte mir ein trautes Heim und Kinder. Das alles habe ich sehr bald vom Leben bekommen und wie in manchen Märchen hätte der Schluss lauten können: „Und wenn sie nicht gestorben sind, leben sie glücklich bis ans Ende ihrer Tage!" Doch so war es bei mir leider nicht.

Sehnsucht
Manchmal schau ich den Vögeln nach, den schwarzen Krähen,
die vor meinem Fenster hoch am Himmel ihre Kreise dreh'n.
Aufwärts und abwärts fliegen, scheinbar schwerelos.
Und mich ergreift eine Sehnsucht ohnegleichen
Und ich möchte sie so gern erreichen.
Möcht' mich so gern wie sie erheben
Wie auf Flügeln durch die Lüfte schweben
Aufwärts, abwärts, schwerelos.
Könnt ich doch himmelwärts wie ihr gelangen!
Ach, die Schwerkraft hält mich hier gefangen.

Der Tag, an dem ich vor vielen Jahren dieses Gedicht geschrieben habe, war ein grauer Novembertag und die Wintergäste aus Russland, die Saatkrähen, zogen vor meinem Küchenfenster am Himmel ihre Kreise. Ich sah ihnen zu und spürte in mir eine große Sehnsucht. Ich wünschte mir, so frei zu sein wie diese Vögel, mich vom Aufwind tragen zu lassen und durch die Lüfte zu schweben, unbeschwert und frei. Damals war ich „nur" Hausfrau und Mutter und meine Träume und Vorstellungen vom Leben stimmten mit meiner Realität nicht mehr überein. Ich spürte immer öfter eine unbestimmte Unzufriedenheit. Sehnsucht ergriff mich. Ich sehnte mich danach, frei zu sein, ungebunden und ohne Verpflichtung. Ausbrechen aus dem täglichen Trott, reisen, wohin ich möchte, einmal tun und lassen können, was ich will. Zugleich wusste ich jedoch, dass dies unmöglich für mich war, hatte ich doch Pflichten und Verantwortung für meine Familie, für meine Kinder und für meinen Mann. Ich liebte meine Familie und überhaupt und außerdem, was wäre ich für eine „Rabenmutter", wenn ich mich wichtiger nähme als meine Liebsten? Was würden andere dazu sagen? Wenn ich jedoch den Krähen nachblickte, spürte ich meine Sehnsucht und mein Verlangen nach Freiheit, und es machte mich traurig, dass ich nicht „wegfliegen" konnte. Stattdessen kam ich mir vor wie in einem Käfig.

Bald danach reisten mein Mann und ich zum ersten Mal mit den Kindern nach Afrika und infizierten uns mit dem „Afrikavirus", einer unstillbaren Sehnsucht nach Afrika, dem Kontinent meines Lebens. Ich bin sehr oft dorthin gereist und konnte so viel Schönes und Großartiges erleben. Ich verliebte mich augenblicklich in die Tiere Afrikas und schloss vor allem meine gefiederten Freunde, die Vögel, tief in mein Herz. Viele unserer europäischen Vögel ziehen ja als Zugvögel im Herbst nach Afrika und verbringen dort den Winter. Im Frühjahr kehren sie nach Europa zurück, bauen ein Nest, paaren sich, bekommen Junge und widmen sich mit Eifer der Aufzucht ihrer Nachkommenschaft, bevor im Herbst der Kreislauf von Neuem beginnt. Ich habe mir oft vorgestellt, so ein Zugvogel zu sein. Fortfliegen, fremde Länder sehen, wieder zurückkehren zu meiner Familie. Frei sein und Familie, das sah ich lange als einen Widerspruch. Ich fühlte immer ein „entweder-oder" in mir und entschied mich für meine Familie. Dabei vergaß ich auf mich und das machte mich auf Dauer unglücklich. Meine Familie spürte, dass ich nicht mit ganzem

Herzen bei ihnen war, und das machte sie unzufrieden. Jahre später stand ich zu mir und meinen Träumen. Ich lebte sie. Heute weiß ich, dass beides vereinbar ist. Ich genieße es, meinen eigenen Weg als Autorin und Spiegelgesetz-Expertin zu gehen, ich leite und besuche Seminare und bin oft allein unterwegs. Heute bin ich mir gewiss, dass ich immer frei bin, weil die Freiheit in mir ist. Ich muss sie mir nur erlauben. Ich kann immer wählen, was ich will. Es ist immer richtig, was ich wähle, solange ich auf die Stimme in mir höre, ihr folge und echt und authentisch bin.

In seinem Lied "Über den Wolken" drückt Reinhard Mey aus, dass vieles, was uns im täglichen Leben so wichtig ist, mit einigem Abstand von oben betrachtet plötzlich ganz unwichtig wird. Wenn wir unsere Ängste und Sorgen loslassen, im Augenblick leben und ihn genießen, so ist das wie Fliegen – leicht und schwerelos.

Den eigenen Traum leben, jetzt und nicht erst später,
das kannst auch du,
wenn du es ehrlichen Herzens willst!

Mir ist es, als ob ich deine Einwände förmlich hören könnte: „So einfach ist das nicht. Ich mache mir Sorgen um meine Kinder. Ich habe Angst vor der Zukunft, um meinen Job, meine Partnerschaft, meine Gesundheit, um meine Finanzen und, und, und. Ich kann doch nicht alles einfach loslassen. Ich muss mich doch darum kümmern!" Glaube mir, mir ist es früher nicht anders ergangen. Ich habe ebenfalls Hunderte von Gründen aufgezählt, warum ich es mir nicht so leicht machen darf. Ich war Weltmeisterin im Sorgen und Kümmern. Glücklich hat es mich nicht gemacht, und die Menschen, um die ich mich gesorgt und gekümmert habe, waren es auch nicht.

Seit ich durch leidvolle Erfahrung erkannt habe, dass ich die einzige Person in meinem Leben bin, für die ich Verantwortung trage, und ich nicht weiß bzw. wissen kann, was das Beste für andere ist, habe ich immer mehr losgelassen und es geht mir gut dabei. Seit ich das Vertrauen habe und die Gewissheit, dass jederzeit das Beste für alle geschieht, bin ich wirklich frei und voller Frieden. Mir ist, als ob ich allen Ballast abgeworfen hätte. Es ist ein Gefühl von Leichtigkeit und Unbeschwertheit. Das ist es, wovon ich immer geträumt habe.

Einfach loslassen, fliegen, schweben, glücklich sein.

Heute weiß ich, dass es nur meiner Erlaubnis dazu bedarf. Doch auch für mich war es ein langer Weg, das zu erkennen. Das ganze Leben kann so einfach sein, sobald wir aufhören zu kämpfen und annehmen, dass etwas so ist, wie es ist, ohne es abzulehnen und zu verurteilen. „Es wird schon für etwas gut sein," sagt meine Freundin Eva immer, wenn das Leben sie mit unangenehmen Erfahrungen konfrontiert. Und wirklich! Wenn ich heute zurückblicke, so waren es immer die schmerzhaften Geschehnisse in meinem Leben, von denen ich am meisten gelernt habe.

Die kühnsten Träume sind deine wichtigste Grundlage. Beim Träumen erleben wir unsere höchste Kreativität. Kinder kennen diesen Zauber noch. Ich staune oft, wenn mir meine Enkelkinder ihre Träume erzählen. Wie realistisch sie für sie sind. Eine Eigenschaft, die Erwachsene meist verlernt haben. Viele glauben, Träume, Wünsche, Sehnsüchte sind nur etwas für Kinder.

Wann hast du dich zuletzt ganz in Tagträumen verloren?
Wann hast du dem nachgespürt, wonach du dich wirklich im tiefsten Inneren sehnst?

Fast alle Menschen träumen viel zu wenig. Daher verspüren sie immer weniger Freude in ihrem Alltag und wissen nicht, warum das so ist. Erlaube dir zu träumen! Befreie dich von einschränkenden Gedanken wie „Das geht doch nicht. Das kann ich mir nicht leisten. Dafür bin ich schon zu alt. Was würden denn die Leute sagen!" Denn deine Träume hat sonst niemand. Wenn du deine Träume nicht träumst, tut es kein anderer.

Die Träume von Erwachsenen ähneln oft den inneren Sehnsüchten und Lebenszielen, die im Alltag jedoch nicht aktiv umgesetzt werden. Warum ist das so? Weil wir unsere Träume sofort mit dem Verstand bewerten. Kaum taucht eine kühne Fantasie auf, sagt eine Stimme im Kopf: „Das ist doch nicht realistisch. Vergiss es!" Leider folgen wir allzu oft dieser Stimme.

Übung: Entdecke deine kühnsten Träume

Nimm dir ausreichend Zeit, mindestens eine halbe Stunde, maximal einen halben Tag. Schalte dein Handy ab und sieh zu, dass du nicht gestört wirst. Nimm Platz in deinem Lieblingsstuhl, mach es dir bequem. Atme ein paar Mal tief ein und aus, bis du zur Ruhe kommst und entspannt bist. Nun nimm dein Notizbuch zur Hand und notiere wild drauf los, was dir in den Sinn kommt. Mach diese Übung unbedingt schriftlich. Allein im Kopf funktioniert sie nicht, denn die Gedanken wechseln viel zu schnell.
Notiere dir alle deine kühnsten Träume, Wünsche und Sehnsüchte. Wirklich alle! Es ist wichtig, dass du spontan bist und nicht lange nachdenkst. Sei wie ein Kind. Hab Mut für große Wünsche und gewagte Träume. Vage Vorstellungen und schwache Wünsche haben keine Kraft. Denke nicht an Konsequenzen. Für einen Augenblick gibt es keine. „Wenn" und „aber" sind verboten. Sei ruhig einmal verrückt!

Wenn du mit dem Aufschreiben fertig bist, darfst du deinen Verstand wieder einsetzen. Schau dir deine Träume nochmal in Ruhe an und stelle dir die folgenden Fragen:

- War ich wirklich ehrlich zu mir selbst und habe ich nichts unterdrückt?
- Widersprechen sich bestimmte Träume vielleicht?
- Sind es wirklich meine Träume und nicht die Erwartungen anderer?

Jeder Mensch trägt seit seiner Kindheit bestimmte Sehnsüchte in sich. Einige haben sich vielleicht schon erfüllt, einige sind bloß Träume geblieben. Wer sich an seine Kindheitsträume erinnert, nimmt Kontakt zu seinem Innersten auf.
Erinnerst du dich vielleicht noch an die Träume deiner Kindheit? Was hat dir als Kind Freude gemacht? Fang wieder an zu träumen! Erinnere dich daran, was du als Kind gern gemacht hast. Ich habe mir gerne Geschichten ausgedacht, mich verkleidet, mit Freundinnen Theater gespielt, wild geschaukelt, bin gern mit dem Ringelspiel gefahren, hab in einem Baumhaus gewohnt, bin mit dem Finger auf der Landkarte in fremde Länder gereist und habe mir ausgemalt, wie es dort aussieht.

Die wahren Abenteuer sind im Kopf
und sind sie nicht im Kopf, dann sind sie nirgendwo...

So lautet eine Zeile in einem Lied von André Heller. Wie ist das bei dir? Träumst du auch manchmal mit offenen Augen? Denkst du dir auch manchmal Bilder von deiner Zukunft aus? Ich habe das zeitlebens immer gemacht. Ich tu es auch jetzt noch gern. Wie in einem Film sehe ich die Bilder, die bunten Farben, höre die Dialoge und die Musik dazu. Beim Lesen tauche ich ein in die Abenteuer der Held*innen und identifiziere mich mit verschiedensten Hauptpersonen, bin einmal frech und verwegen, dann wieder lieb und brav, erlebe die wildesten Abenteuer, besiege wilde Tiere und bestehe so manche Gefahr. Ich liebe mein Kopfkino.

Mir Ziele für die Zukunft zu setzen und so tun, als ob ich sie schon erreicht hätte, das machte ich schon lange, bevor ich Mentaltrainerin wurde.
Um sie nicht zu vergessen, habe ich sie in einem Notizbuch aufgeschrieben. Erst vor kurzem ist es mir wieder in die Hände gefallen und ich habe darin gelesen. Erfreulicherweise habe ich viele Ziele, die ich mir aufgeschrieben habe, schon erreicht. In meinem Notizbuch aus dem Jahr 2000 steht beispielsweise: *Ich sehe mich von vielen Frauen umringt, die ratsuchend zu mir kommen. Ich höre ihre Fragen und Schwierigkeiten und helfe ihnen, eine Lösung für ihre Probleme zu finden. Ich sehe, wie sie erleichtert aufatmen und voll Vertrauen aktiv werden. Ich sehe mich als Coach und Seminarleiterin Vorträge und Workshops leiten.*

Genau das mache ich seit 20 Jahren und es erfüllt mich mit großer Freude, mein Wissen und meine Erfahrung an andere weiterzugeben und ihnen zu helfen, ihre Lebensqualität zu verbessern.

Ziele setzen und erreichen

Ziele wirken wie ein Navigationssystem im Auto. Es gibt keinen erfolgreichen Menschen ohne Ziele.
Welche Ziele, die du dir in den letzten Jahren gesetzt hast, hast du wirklich erreicht?
Welche nicht? Warum werden Ziele nicht erreicht?

Stell dir vor, du befindest dich auf einem langen Gang mit vielen Türen. Du weißt nicht, durch welche Tür du gehen sollst und überlegst ewig hin und her, weil du dich für keine Tür entscheiden kannst.

Wer versucht, sich alle Türen offen zu halten,
wird sein Leben auf dem Flur verbringen.
Verfasser unbekannt

Der Unterschied zwischen dem Erreichen von Zielen und dem Träumen ist es, eine Entscheidung zu treffen. Sich zu entscheiden, heißt, auch keine andere Möglichkeit in Betracht zu ziehen. Ich entscheide mich, durch diese eine Tür zu gehen und ich entscheide mich, auf alle anderen Türen zu verzichten. Überlege dir deshalb ganz genau, welches Ziel du tatsächlich erreichen willst, und schließe alle anderen Möglichkeiten aus. Einmal mehr ist auch hier die mentale Vorstellung wesentlich. Spüre in dich hinein, wie es sich anfühlt, wenn du dein Ziel bereits erreicht hast. Was hörst, siehst und fühlst du, wenn du am Ziel angekommen bist? Schreib dir auf, welche Vorteile, Stärken und Chancen du mit deinem Ziel verbindest. Was ist das Beste, das dir passieren kann? Auch ein Blick auf deine Fähigkeiten und Mittel zur Realisierung des Ziels sind wichtig. Was musst du investieren, um das Ziel zu erreichen und wer oder was kann dir dabei helfen? Ein Plan mit der Auflistung, wann welcher Schritt notwendig ist, kann dir beim Erreichen ebenfalls helfen. Zu guter Letzt wirf noch einen Blick auf die Hindernisse auf dem Weg zum Ziel und frage dich: „Was ist das Schlimmste, was mir passieren kann?"
(Vgl.: Wolfgang Allgäuer, „Mit Begeisterung zum Erfolg")

Ein weiteres mächtiges Werkzeug, um Ziele zu erreichen, ist der Zukunftsdank, den ich im „Power Your Life Planer" 2021 von Viktoria Schretzmayer kennen- und lieben gelernt habe.
Die wichtigste Zutat für den Zukunftsdank ist, wie der Name schon sagt, Dankbarkeit für etwas, das du in der Zukunft erreicht haben wirst:
Liste drei Dinge auf, für die du dankbar bist. Male dir ganz genau das Bild aus, wie es sein wird und spüre das tolle Gefühl, das du hast, wenn du am Ziel bist. Tu so, als ob du längst dort bist, deine

Träume wahr geworden sind und du alles erreicht hast, was du wolltest. Das beflügelt dich unglaublich. It's magic! Ich weiß es aus eigener Erfahrung.

So habe ich mir seinerzeit, während meiner Gewichtsabnahme, ausgemalt, ich bin schlank und trage einen weißen Bikini, der meine weiblichen Rundungen so richtig zur Geltung bringt. Ich gehe am Meeresstrand spazieren und alle Männer blicken mir bewundernd nach. Mein Mann macht mit Komplimente wegen meiner großartigen Figur und umarmt mich. Dann tollen wir gemeinsam mit den Kindern vergnügt im Wasser herum. Ich fühle mich unbeschreiblich wohl. Ich habe das Gefühl der Dankbarkeit gespürt. Im darauffolgenden Sommer war es dann so weit. Alles, was ich mir vorgestellt hatte, war eingetroffen.

Mein Zukunftsdank heute:
Ich bin dankbar, dass dieses Buch ein Mega-Erfolg geworden ist und meine Leser*innen es lieben und weiterempfehlen, ich als Bestsellerautorin zu Lesungen und in Talk-Shows eingeladen werde und bekannt und berühmt bin. Ich sehe, wie ich mich bei meinen Unterstützern und meinen Fans bedanke und mit Freunden und mit meiner Familie ein Fest feiere und auf meinen Erfolg anstoße.
Wow! Was für ein großartiges Fest!

Träume und Ziele
Interview mit Daniela Binder

Im Interview zum Thema „Träume und Ziele" mit Daniela Binder, Künstlerin und Kreativtrainerin für Frauen, erzählt sie, wie sie ihre Träume und Ziele erreicht hat und wie sie andere Frauen durch das Malen befähigt, in ihre Schöpferinnenkraft zu kommen. Daniela ist Künstlerin und Kreativtrainerin für Frauen. Unter dem Namen ‚Danis Art' stellt sie ihre Kunst aus und begleitet Frauen dabei, durch Malen in ihre Schöpferinnenkraft zu kommen. Daniela gibt Workshops, Onlinekurse und ist Gründerin der wunderschönen Online-Community: die ArtSchwestern."

Du bist heute erfolgreich als Künstlerin, malst wunderschöne Bilder, entwirfst eine eigene Taschenkollektion, gestaltest Buchcover, hältst Malkurse, schreibst ein Buch usw.
War das schon immer so? Oder hat sich das erst entwickelt?
Oh nein, das war ganz und gar nicht immer so! Ich war ursprünglich Sekretärin, obwohl ich gerne Grafik-Design studiert hätte. Das habe ich mir damals nicht zugetraut. Ich war früher sehr unsicher und schüchtern. Nach außen habe ich das nicht gezeigt, aber in mir gab es viel Angst und wenig Selbstvertrauen.

Wann begann deine Veränderung?
Als ich Mama wurde und mit meiner Familie von Deutschland nach Österreich gezogen bin, begann eine Wandlung in mir.

Gab es Krisen in deinem Leben?
Nach dem Umzug von Stuttgart nach Wien war ich sehr erschöpft. Ich hatte unterschätzt, was es bedeutet, in ein anderes Land zu ziehen. Ich dachte: ‚Ob ich nun in Österreich oder Deutschland lebe, das ist doch kaum ein Unterschied.' Aber das

war es. Ich war bis dahin ein sehr verwurzelter Mensch, der Angst vor großen Veränderungen hatte. So kam eins zum anderen. Meine Zwillinge waren damals noch sehr klein, ich war müde und ausgelaugt und mein Mann trug die finanzielle Verantwortung und war beruflich natürlich sehr eingebunden. Ich war einsam, traurig, chronisch übermüdet und überfordert. Dann kamen Angstzustände und Depressionen dazu.

Wie hast du sie bewältigt?
Es hat gedauert. Erst einmal habe ich lange gebraucht, um zu akzeptieren, dass die Situation und mein Gesundheitszustand nun mal so waren. Ich holte mir Hilfe durch Therapie, Antidepressiva, ich machte viel Sport, und eine Zeit lang musste ich Kraft tanken, Ruhe geben, loslassen. Ich war damals in der Ausbildung zur Shiatsu Praktikerin, das hat mir auch sehr geholfen. Mein Mann, meine Familie und enge Freunde waren auch für mich da.

Wie bist du so erfolgreich geworden? Hattest du einen Herzenswunsch oder Traum, der sich erfüllt hat?
Irgendwann war ich gesundheitlich wieder stabiler. Ich suchte im Internet nach irgendwelchen kreativen Workshops. Das Malen hat mir schon als Kind Spaß gemacht, und ich hatte es auch mehr oder weniger beibehalten. Dann las ich auf englischsprachigen Seiten das erste Mal etwas über Art Journaling (Anmerkung: Damit wird die Aufzeichnung von persönlichen Gedanken, Gefühlen und Erlebnissen bezeichnet). Das hat mich von Beginn an fasziniert und es hat mich zurück ins Leben gebracht.

Gab es Zweifel und Ängste, und wie bist du mit ihnen umgegangen?
Sie gehören zu meinem Leben einfach dazu. Der Unterschied zu früher ist, dass ich mich nicht mehr von Selbstzweifeln und Ängsten unterkriegen lasse, sondern sie als Teil von mir akzeptiere. Ich denke mir dann: ‚Ah ok, hallo Angst, da bist du ja mal wieder.' Ich

atme tief durch und nehme die Angst in meiner Vorstellung dann halt ein Stück mit. Das hilft mir. Wenn das gar nicht funktioniert, rufe ich aber auch einfach gerne eine gute Freundin an (lacht).

Ermutigt dich dein Umfeld und findest du Unterstützung?
Ja, mein Mann hat mich immer unterstützt, dafür bin ich ihm sehr dankbar. Den Weg gehen müssen wir allerdings immer selbst. Es kann uns niemand die Entscheidung abnehmen, was wir aus unserem Leben machen und wie wir leben möchten.

Wo holst du dir deine Kraft und was gibt dir Energie?
Das Malen gibt mir enorme Kraft. Wenn ich mich unausgeglichen und genervt fühle, ist es meistens deshalb, weil ich nicht genug Zeit hatte, kreativ zu sein. Auch Sport und Meditation sind Energiequellen für mich.

Woher kommen deine Inspiration und deine kreativen Einfälle?
Ehrlich gesagt, ich weiß es nicht genau. Nach meiner Erfahrung kommen meine besten kreativen Einfälle meist dann, wenn ich nichts erzwingen will, wenn ich entspanne. Das ist natürlich nicht immer so einfach, vor allem, wenn ein Auftrag dahintersteht. Dennoch: Ausruhen und Kraft schöpfen durch Entspannung machen meinen Geist frei und öffnen die Tür zur Inspiration.

Was macht dich glücklich in deinem Beruf?
Malen macht mein Leben bunt. Ich liebe Farben, die Kreativität und freue mich über jeden Menschen, der diese Freude wieder für sich entdeckt. Mein Herz schlägt für das Malen, und das jeden Tag tun zu können, macht mich wirklich glücklich. Selbstständig zu sein, ist eine hohe Eigenverantwortung, aber es gibt mir auch große Freiheit und Flexibilität. Das schätze ich sehr.

Macht dich dein Erfolg glücklich?
Die Frage ist: „Was ist Erfolg?" Das bedeutet für jeden ja etwas ganz anderes. Ich fühle mich erfolgreich, wenn ich glücklich bin bei dem, was ich tue und mit gleichgesinnten Menschen zusammenarbeiten kann. Wenn ich Kolleginnen treffe, die ihren Beruf auch gerne machen und wir zusammenarbeiten, dann ist das erfolgreich für mich. Das motiviert mich, denn so entsteht immer etwas Neues.

Lohnt es sich, nach den Sternen zu greifen?
Ja, definitiv! Ich habe vor einigen Jahren noch daran gezweifelt, ob ich als Quereinsteigerin und Autodidaktin beruflich in der kreativen Branche Fuß fassen kann. Aber es geht. Es kostet viel Zeit und Eigenmotivation, doch der Weg lohnt sich. Ich habe meine Leidenschaft zum Beruf gemacht und lerne jeden Tag dazu.

Wie würdest du die Kraft von Kreativität mit deinen eigenen Worten beschreiben?
Malen ist viel mehr als nur ein Hobby. Es ist heilsam und schenkt uns jede Menge Energie. Kreativität wird oft immer noch zu wenig wertgeschätzt, vor allem leider auch in der Schule. Dabei wird sie uns in die Wiege gelegt. Jeder Mensch ist meiner Erfahrung nach kreativ in den unterschiedlichsten Bereichen. Das macht glücklich und bringt Spaß ins Leben. Probiert euch aus und macht etwas, das euer Herz zum Leuchten bringt!

Mach aus der Krise eine Chance!

Im folgenden Kapitel möchte ich von meinen Krisen erzählen, von meinem Schmerz, meinen Sorgen, meinen Ängsten und der Hilflosigkeit und Ohnmacht, in die sie mich gestürzt haben. Ich zeige dir auch, was ich durch die Krisen erkennen konnte, was ich gelernt habe und was ich verändern konnte. Ich glaube, jeder Mensch hat im Laufe seines Lebens mehrere Krisen zu bewältigen. Manchmal sind es alltägliche Dinge wie eine schlechte Note, eine Meinungsverschiedenheit oder ein Kratzer am Auto. Aber es gibt auch die wirklich großen Krisen wie den Tod eines geliebten Menschen, eine schwere Krankheit oder den Verlust des Jobs.
Was wir dabei nur allzu oft vergessen, ist die Tatsache, dass man aus einer Krise gestärkt hervorgehen kann. Nicht umsonst bedeutet das Wort "Krise" im Chinesischen zugleich Gefahr als auch Chance. Auch wenn wir im Moment der Krise selbst oft nicht in der Lage sind, diese als Möglichkeit für einen Neubeginn zu erkennen, kann ich aus eigener Erfahrung sagen, dass es so ist.

Die großen Krisen meines Lebens hatten alle mit meiner Familie, mit Krankheit und Verlust, mit Hoffen und Bangen und mit Ängsten und Leid zu tun.

> *Heile, heile Gänschen,*
> *'s wird schon wieder gut.*
> *'s Kätzchen hat ein Schwänzchen,*
> *'s wird schon wieder gut.*
> *Heile, heile Mausespeck,*
> *in hundert Jahr'n ist alles weg.*

Ich weiß nicht, ob du dieses Lied kennst. Ich habe es seit langer, langer Zeit nicht mehr gehört. Doch wenn ich die Augen schließe und nach Innen lausche, so ist mir, als ob ich meine Mutter dieses Lied singen höre.

Wann immer mich in meiner Kindheit Kummer und Schmerz quälten, hat meine Mutter mich fest gedrückt und mir dieses Lied vorgesungen. Und es hat mich fast augenblicklich getröstet und meine Tränen getrocknet. Waren es in meiner Kindheit kleine Kränkungen durch meine Spielgefährten, zerbrochenes Spielzeug oder der Verlust meiner kleinen Katze, so wurden die seelischen Verletzungen mit den Jahren tiefer. Ich erinnere mich an meine erste Liebe mit 17 in der Tanzschulzeit und die vielen Tränen, als diese Liebelei zerbrach.

Meine Mutter stand mir immer zur Seite, besonders nach der Geburt meines ersten Sohnes Peter. Er war ein wunderschönes Baby. Leider teilte mir der Arzt einige Stunden nach seiner Geburt mit, dass mein geliebtes Kind an einem angeborenen Zwerchfellbruch litt und nur eine sofortige Operation sein Leben retten könnte. Meine Verzweiflung und mein Kummer waren riesengroß. Ich glaubte, mein Baby nie wieder zu sehen, als ihn die Rettung in ein Krankenhaus nach Wien brachte. Meine Mutter fuhr im Rettungswagen mit und begleitete mein Neugeborenes auf dem Weg ins Krankenhaus. Sie spendete mir Trost und Kraft, als sie zurückkam, und gab mir Mut und Zuversicht. Sieben lange Wochen schwebte mein Sohn zwischen Leben und Tod, nachdem ihm die Ärzte im Preyerschen Kinderspital durch eine Operation das Leben gerettet hatten. Es erscheint mir auch heute noch wie ein Wunder, dass Peter überlebt hat und in seinem weiteren Leben kaum ernstlich krank war/ist.

Im Sommer 1975 gab es eine weitere schwere Krise für mich. Meine Mutter wurde todkrank. Bei einer Routineuntersuchung wurde Magenkrebs diagnostiziert und bei der Operation stellte man fest, dass ihre Krebserkrankung weit fortgeschritten und unheilbar war und sie maximal noch ein halbes Jahr leben würde. Das war unfassbar für die ganze Familie und besonders für mich.

Als sie im März 1976 nach schwerem, geduldig ertragenem Leiden mit erst 56 Jahren starb, stürzte ich in ein tiefes Loch. Damals hat mir nur die Verantwortung für meine eigene Familie, meine beiden Söhne und meinen Mann, der intuitiv erkannt und gefühlt hatte, wie nahe mir der Verlust meiner Mutter ging, geholfen, diese Zeit zu überstehen. Noch viele, viele Jahre war es für mich sehr schmerzhaft, an meine Mutter zu denken. Ihre Liebe, ihre liebevollen Umarmungen und ihr Trost, wenn ich unglücklich war, fehlten mir sehr.

Die nächste Krise, die mich tief erschütterte und in Verzweiflung stürzte, war die Erkrankung meines Sohnes Manfred im Sommer 2006. Er hatte vorher schon einige Male ernsthafte Probleme mit seiner Gesundheit gehabt, und ich hatte mir schon oft große Sorgen um ihn gemacht. Im Sommer 2006 war es jedoch besonders kritisch um ihn bestellt. Über einen Monat musste er wegen ernsthafter Komplikationen nach einer Kopfoperation im Krankenhaus verbringen, und wie es für ihn ausgehen würde, war lange ungewiss. Es ging ihm schlecht, er hatte große Schmerzen, er litt körperlich und seelisch und war verzweifelt. Ich wusste vor Sorge und Schmerz um ihn nicht ein und aus. Es tat mir so weh, dass ich ohnmächtig und hilflos war. Meinen Kummer klagte ich meiner Freundin Eva. Unter Schluchzen und Tränen erzählte ich ihr von meinem Schmerz, meiner Hilflosigkeit und von meiner Angst um meinen Sohn. „Ich liebe ihn so sehr. Ich will nicht, dass er leidet. Ich will nicht, dass er stirbt. Ich will ihn nicht verlieren!", stammelte ich. Eva gab mir folgenden Rat: „Übergib ihn Gott. Du kannst nicht wissen, was dein Sohn braucht. Vertrau ihn Gott an. Er allein weiß, was das Beste für dein Kind ist." Das hat mir sehr geholfen.

Sorgen um das Wohl meiner Kinder waren oft ein Thema für mich. Sie ziehen sich wie ein roter Faden durch mein Leben. Was immer meinen Söhnen passierte, ich fühlte mich betroffen und für ihr Wohlergehen verantwortlich.

Die Sorge und Verantwortung für meinen kranken Sohn loszulassen, im Vertrauen, dass das Beste geschieht, ist mir unendlich schwergefallen. In dem Buch der berühmten Sterbeforscherin und Ärztin Elisabeth Kübler-Ross „Geborgen im Leben" gibt es ein Kapitel, das „Anheimgeben" heißt. Darin habe ich vieles gefunden, das mir in der Zeit der schweren Erkrankung meines Sohnes geholfen hat. Ich habe es angenommen, so gut ich konnte, und es wurde mir möglich, manches von einem anderen Blickwinkel aus zu sehen. Das hat meinen Schmerz gelindert und mich mit Zuversicht erfüllt. Elisabeth Kübler-Ross schreibt, dass das Universum oft keinen anderen Weg hätte, uns zu heilen, als uns in eine schlimme Lage zu bringen. Keiner weiß, warum etwas geschieht. Die Autorin erklärt es sinngemäß so: „Wenn wir uns hingeben und zu kämpfen aufhören, so ist es wie beim Tauziehen, wir lassen einfach los und vertrauen auf Gott im festen Glauben, dass das Beste für alle geschieht. Wir lassen los, wenn wir jeden Morgen sagen: Dein Wille geschehe und nicht mein Wille!".

Ich bin Elisabeth Kübler-Ross sehr dankbar. Ich habe inzwischen viele ihrer Bücher gelesen und mich dadurch mit dem Tod und mit dem Sterben beschäftigt. Es ist sehr tröstlich, zu wissen, dass der Tod keinen Schrecken hat und nicht das Ende ist, sondern der Weg ins Licht.

Ich werde oft angesichts kleinerer und größerer Krisen gefragt, warum sie notwendig sind. Ich antworte darauf, dass ich es nicht weiß, und dass „Warum"-Fragen zu nichts führen. Aus meiner Erfahrung weiß ich jedoch, dass es hilfreich ist, zu fragen: „Wozu passiert mir das?" Manchmal können wir das erst im Rückblick erkennen. Denn das Leben wird vorwärts gelebt, aber erst rückwärts verstanden. Das Leben schickt uns leidvolle Ereignisse und Schicksalsschläge als Lehrmeister, weil wir ohne sie nichts an unserer geistigen Einstellung ändern würden.

Im Buch „Ein Kurs in Wundern" (darüber schreibe ich mehr im Kapitel „Vergebung ist der Schlüssel zum Glück") gibt es folgendes Zitat: „In jeder negativen Situation erkenne Gottes Hand darin". In einfachen Worten ausgedrückt, bedeutet das: „Was immer passiert, alles dient deinem Besten! Erkenne das Gute, die Liebe darin". Das ist nicht leicht zu verstehen und schwer anzunehmen. Auch du wirst vermutlich fragen, was denn daran gut und liebevoll sein soll, wenn das eigene Kind schwer krank ist. Erst im Rückblick konnte ich das Gute daran erkennen.

Manfreds Erkrankung hat ihn, mich, ja die ganze Familie verändert. Als ich so große Angst um ihn hatte und fürchtete, dass er sterben könnte, wurde mir bewusst, wie viel er mir bedeutet und wie tief meine Liebe zu ihm ist. Ich konnte erkennen, dass das Leben ein kostbares Geschenk ist, es nicht endlos ist, und auch die Menschen, die wir lieben, nicht ewig bei uns sind. Das führte zu einer neuen, toleranteren und liebevolleren Einstellung zu ihm, zu anderen Menschen, zum Leben, zum Weltgeschehen und zu mir selbst. Manfred veränderte sich ebenfalls sehr. Hatte er früher andere und vor allem sich selbst sehr kritisch be- und verurteilt, so gelingt es ihm nun meist, andere anzunehmen, wie sie sind. Auch mit sich selbst geht er liebevoller um.

Ich nehme an, dass dich das Leben ebenfalls in Krisen geführt hat. Giftige Beziehungen, Streit, vielleicht sogar Scheidung, Probleme mit den Kindern, Jobverlust verbunden mit finanziellen Schwierigkeiten oder Krankheiten, Unfälle oder Schicksalsschläge. Wie bist du damit zurechtgekommen? Konntest du sie allein meistern, oder hast du dir Hilfe geholt?

Übung: Was dich bei Krisen unterstützen kann

- Beziehe dein soziales Umfeld und Menschen, die dir guttun, mit ein und sprich mit vertrauensvollen Personen über deine Gefühle.
- Gib dir Zeit – eine Krise kann die oben erwähnten Phasen durchaus mehrmals und parallel durchlaufen. Setz dich nicht zusätzlich unter Druck beim Tempo der Bewältigung.
- Entspann dich: Da in der Krise häufig – ähnlich wie bei anhaltendem Stress – eine Art Tunnelblick entsteht, können Entspannungsübungen hilfreich sein, um den Kopf wieder für neue Lösungen und Strategien freizubekommen.
- Frage dich, wie du ähnliche Situationen bisher gemeistert hast und überlege neu, wie du diese vorhandenen Strategien nun einsetzen kannst.

Ich habe zuvor erwähnt, dass mich der Tod meiner Mutter sehr erschüttert und es lange gedauert hat, bis ich mein Leid und meine Traurigkeit über ihren Tod überwunden hatte. Als mein Vater fast dreißig Jahre nach dem Tod meiner Mutter starb, konnte ich schon anders damit umgehen. Ich war vor allem dankbar, dass er so lange gelebt hat, ich ihn oft besucht und gesehen habe, und wir bis zum Schluss liebevoll verbunden waren. Als mein Mann Werner im Juli 2019 nach 55-jähriger Ehe starb, fiel mir sein Verlust schwer. Doch das Wissen, dass er von seinen Schmerzen erlöst worden war und friedlich gestorben ist, linderte meinen Schmerz. Geblieben sind die Erinnerungen an gute und weniger gute Zeiten, die wir gemeinsam erlebt haben. Wenn ich an unsere wundervollen Reisen nach Afrika denke, wird mir warm ums Herz und in diesen Erinnerungen lebt er weiter.

Was ich aus all meinen Krisen gelernt habe, ist, zu vertrauen. Das Leben ist ein Mysterium. Es kann sich von heute auf morgen alles ändern. Am besten ist, es anzunehmen, wie es ist, zu vertrauen und das Beste daraus zu machen.

Ich vertraue auf ein glückliches Ende.

"Mein tiefster Schmerz"
Interview mit Ulla Gschwandtner

Im Interview mit Ulla Gschwandtner teilt die Mutter mit uns die Geschichte ihres tiefsten Schmerzes. Nach der Matura hat Ulla Rechtswissenschaften studiert und sich vor zehn Jahren im Bereich der Kinesiologie selbstständig gemacht. Ulla ist 46 Jahre alt, seit über 20 Jahren verheiratet, und hat zwei Kinder im Alter von 16 und drei Jahren. Emilia, ihr drittes Kind, das vor fünf Jahren verstorben ist, wäre jetzt sechs Jahre alt. Wie sie es geschafft hat, diese unglaublich schwere Krise zu meistern, hat sie mir in berührenden Worten erzählt.

Kannst du uns bitte die Geschichte von deinem tiefsten Schmerz erzählen?
In meinem Freundeskreis gibt es zwei Mamas, deren Kinder gestorben sind. Als ich davon erfahren habe, dachte ich, dass der Tod des eigenen Kindes das Schlimmste sein muss, das einer Mutter passieren kann. Vor fünf Jahren starb meine Tochter Emilia völlig unerwartet im Alter von 14 Monaten in meinen Armen. Ich habe es am Anfang gar nicht begriffen, dass ich sie nie wieder in den Armen halten kann, nie wieder ihren Geruch wahrnehmen und ihre Worte und Geräusche hören kann, die sie beim Spielen macht. Am Anfang gab es so viel zu tun, ich habe einfach nur funktioniert. Das Haus war leer und still ohne Emilia. Mein Mann und meine damals elfjährige Tochter waren in der Schule und ich

war allein. Mit unserem Hund ging ich täglich eine große Runde spazieren und mein Weg hat mich immer zu Emilias Grab geführt, und ich habe Zwiegespräche mit ihr geführt.

Wie hast du aus dem tiefen Loch herausgefunden?
Erst dachte ich, die Zeit heilt alle Wunden. Doch das war nicht so. Ich war Meisterin im Funktionieren und im Wegdrücken meiner Gefühle, um mich nicht mit meinem tiefen Schmerz auseinandersetzen zu müssen. Mein Körper zeigte mir, dass ich Ruhe und Zeit für mich brauchte, ich war ständig müde und angeschlagen.

Was hat dir geholfen? Wie hat dein Umfeld agiert?
Eine Freundin hat mich begleitet, als ich mich zum ersten Mal in das große schwarze Loch hineingewagt habe. Die Auseinandersetzung mit meinem Schmerz und das Zulassen meiner Trauer haben mich jedoch weitergebracht. Nach einer Welle der tiefen Traurigkeit ist alles leichter und ruhiger geworden. Bei einer Kinesiologin habe ich eine Jahresbegleitung gebucht und mich mit allen Themen – auch der Trauer – intensiv auseinandergesetzt. Rückblickend kann ich sagen, dass es ein langer Prozess war, wieder ins Leben zu finden. Es schmerzt mich auch heute noch, dass ich kein Foto haben werde, auf dem alle meine drei Kinder – mein dreijähriger Sohn wurde nach Emilia geboren – zu sehen sind.

Was hat sich in dir verändert? Was war/ist das Gute an dieser schmerzlichen Erfahrung?
Heute weiß ich, dass wir durch Emilias Tod als Einzelperson, als Paar und als Familie stärker geworden und zusammengewachsen sind. Wir haben uns weiterentwickelt. Nach meiner Ausbildung zur Trauerbegleiterin und der meines Mannes zum Lebens- und Sozialberater nehmen wir verwaiste Eltern an die Hand und begleiten sie bei ihren Schritten aus dem dunklen Tal der Tränen in ein lichtvolles, helleres Leben.

Welche Erkenntnis hast du gewonnen?
Das Leben geht immer weiter. Früher dachte ich, den Tod meines Kindes könnte ich nicht überleben. Und das Leben kann wieder sehr gut weiter gehen. Wir haben uns mit uns auseinandergesetzt und sind jetzt erfüllter und glücklicher. Können auch die kleinen Dinge im Leben viel mehr schätzen und wissen, dass alles vorherbestimmt ist und wir trotz allem sehr behütet und geführt sind in unserem Leben.

Was möchtest du den interessierten Leser*innen mitgeben?
Zu wissen, dass jeder ein gutes Leben führen kann, auch wenn das Schlimmste passiert ist. Menschen wieder dorthin zu begleiten, das begeistert mich.

Vergebung ist der Schlüssel zum Glück

Ich habe dieses Zitat, das aus dem Buch „Ein Kurs in Wundern" von Christa Kössner stammt, zum ersten Mal bei meiner Ausbildung zum Spiegelgesetz-Coach im Jahr 2001 gehört. Dabei lernte ich den „Kurs in Wundern" kennen. Eine ganze Seminarwoche, die in einem Hotel auf der Teichalm in der Steiermark stattfand, war ihm gewidmet. In den Büchern von Christa Kössner über das Spiegelgesetz stand oft folgendes Zitat aus dem „Kurs in Wundern".

Du bist auf der Welt, um glücklich zu sein.

Das hat mich neugierig gemacht, mehr darüber zu erfahren.
Ich wusste nicht, was bei der Seminarwoche auf mich zukam, doch ich ließ mich vertrauensvoll darauf ein. Und Wunder geschahen! Aber es waren keine äußeren, spektakulären Ereignisse, sie geschahen vielmehr in meinem Inneren. Ich begann, die Welt und das Leben von einem neuen Blickwinkel aus zu betrachten. Völlig verändert fuhr ich nach dieser Woche nach Hause. Mir war so leicht, so frei ums Herz. Ich fühlte mich wie neugeboren. Ich wusste auf einmal genau, was mir wichtig war, welche Ziele ich erreichen wollte und fasste Mut, sie umzusetzen. Die Beschäftigung mit dem „Kurs in Wundern" hat mich und meine Lebenseinstellung sehr verändert und war ein weiterer Wendepunkt in meinem Leben.
Alles, was ich mir damals vorgenommen habe, ist Wirklichkeit geworden. Seither haben mich die Themen aus dem „Kurs in Wundern" begleitet, ich verstehe zwar vieles noch nicht, worüber im Textbuch dieses philosophischen und spirituellen Werkes

geschrieben wird. Doch das macht nichts. Mir erschloss sich vieles durch das Übungsbuch und die Zitate. Ich „erfühlte" intuitiv deren Aussage. Mit der Zeit veränderte sich mein Denken. Ich gab das verurteilende Denken über mich und über andere auf und gewann eine liebevollere Einstellung gegenüber anderen Menschen und mir, dem Weltgeschehen und zur höchsten Kraft, die ich Gott nenne. Ich tauchte immer mehr in die Philosophie des Kurses ein und vermittelte als Ausbildungsleiterin selbst Themen aus dem „Kurs in Wundern". Seit mehreren Jahren leite ich selbst einmal im Jahr ein „Kurs in Wundern"-Wochenendseminar und gebe mein Wissen und meine Erfahrungen an die Teilnehmer*innen weiter. Es ist immer wieder beglückend zu erleben, wie sie sich dabei verändern. Auch ich entdecke immer wieder Neues dabei, denn was man lehrt, lernt man.
Ein Hauptthema im „Kurs in Wundern" ist die Vergebung, denn um glücklich sein zu können, ist Vergebung unverzichtbar.

Aber was heißt „vergeben" eigentlich? Fallen dir dafür noch andere Worte ein?
Sehr oft fallen als Antwort auf diese Frage die Begriffe „verzeihen", „aufgeben", „loslassen".
Doch „verzeihen" bedeutet etwas anderes: Wenn ich sage „Ich verzeihe dir", dann stell ich mich über denjenigen, dem ich verzeihe. Ich sage, „Du hast mich schlecht behandelt, aber in meiner großen Güte, verzeihe ich dir halt". Das ist keine gute Energie.
Aufgeben und loslassen ist besser. Am besten ist das Wort „vergessen".
„Ich vergesse das schmerzliche Ereignis. Es ist vorbei. Und Punkt!"
Es kann sein, dass du jetzt aufbegehrst und erwiderst: „So einfach ist das nicht!"
Hilft dir das? Du vergibst dem anderen nicht um seinetwillen, du tust es um deinetwillen, damit DU Frieden findest.

Folgende Zitate aus dem „Kurs in Wundern" machen es dir deutlich:

Deine Vergangenheit ist vorbei, sie kann dich nicht berühren.
Ohne deine Vergangenheit bist du sofort frei.

Erinnerungen an die Kindheit

Was denkst und fühlst du, wenn du an deine Kindheit denkst? Was denkst du über deinen Vater, deine Mutter, Geschwister, über deine Schulzeit, Lehrer und Mitschüler? „Das ist lange her", meinst du? Das stimmt vielleicht, doch deine Vergangenheit ist in deinen Zellen gespeichert, und zwar so, wie du sie damals erlebt hast. Wie auf einer Filmrolle sind die Bilder und die damaligen Gefühle gespeichert.

Alles, was in dir nicht geheilt ist,
muss sich in deinem Leben wiederholen (Spiegel).
Jeder Spiegel dient dir als Chance für Erkenntnis
und geistiges Wachstum.

Du kannst deine Vergangenheit nicht ändern,
doch du kannst dein Denken und Fühlen über die Vergangenheit ändern.

Jeder Mensch trägt seine Vergangenheit ein Leben lang mit sich. Robert Betz vergleicht die Vergangenheit in seinem Buch „Willst du normal oder glücklich sein?" mit einem Rucksack. Dabei ist es nicht die Vergangenheit selbst, die diesen Rucksack so schwer macht, sondern die Art, wie wir darüber denken und mit ihr umgehen. Jeder Vorwurf und jede Verurteilung gegenüber uns selbst und unseren Eltern oder Wegbegleitern aus der

Vergangenheit wiegen wie schwere Steine, die du mit dir herumträgst. Um den Rucksack loszuwerden, musst du also mit deiner Vergangenheit Frieden schließen und vergeben. Denk dabei immer dran: Du kannst zwar das Geschehene nicht mehr ändern, doch das Hier und Jetzt liegt allein in deiner Hand!
(Vgl.: Robert Betz, „Willst du normal oder glücklich sein?")

Vergebung fällt den meisten von uns schwer. Viele von uns schleppen Jahr um Jahr tiefsitzenden Groll und Verbitterung mit sich herum und können weder vergeben noch vergessen, was andere (Eltern, Geschwister, Lehrer, Mitschüler, Freunde, Kollegen, Ex-Partner) ihnen angetan haben. Sie sind eingesperrt im Gefängnis des selbstgerechten Grolls. Wenn wir unbedingt recht haben wollen, werden wir niemals glücklich sein. Wenn wir nicht zur Vergebung bereit sind, tun wir uns selbst etwas Schreckliches an. Es ist, als ob wir jeden Tag freiwillig einen Löffel Gift schlucken. Es sammelt sich in unserem Körper an und schadet uns. Wir können unmöglich frei und gesund sein, wenn wir uns an die Vergangenheit ketten.
Zu akzeptieren, dass alle Menschen nach ihrem momentanen Wissen bestmöglich handeln, gehört zu den größten spirituellen Lernaufgaben. Wenn das Ereignis der Vergangenheit angehört, solltest du es loslassen, vergessen, nicht mehr daran denken und schon gar nicht ständig darüber sprechen, um es mit neuer Energie zu versorgen. Mach dich frei davon!
Wenn die Situation noch fortbesteht, frage dich, warum du dich selbst so wenig achtest, dass du es hinnimmst, von anderen Menschen so behandelt zu werden. Warum bleibst du in so einer Situation?

Ich erzähl dir, was Brigitte, eine Seminarteilnehmerin, plötzlich erkannte, und welche Konsequenzen das für sie und ihr Leben hatte.

Brigitte nahm vor einigen Jahren an einem Wochenendseminar „Kurs in Wundern" teil. Die Frage „Warum achtest du dich so wenig, dass du es hinnimmst, von anderen so behandelt zu werden?", erschütterte sie sehr. Sie war schon lange unglücklich in ihrer Ehe, weil ihr Mann sie äußerst lieblos behandelte, sie vernachlässigte und wenig Rücksicht auf sie nahm. Alle anderen und alles andere waren ihm wichtiger als sie. Schon oft hatte sie daran gedacht, sich von ihm zu trennen und sich scheiden zu lassen, es aber jedes Mal aufgeschoben und sich eingeredet, dass es ohnehin nicht so schlimm sei.
Beim Seminar entdeckte sie, dass ihr Mann ihr spiegelte, wie sie sich selbst behandelte.
Sie erkannte:
„Ich bin lieblos zu mir."
„Ich vernachlässige mich."
„Ich nehme wenig Rücksicht auf mich."
„Andere und alles andere ist wichtiger für mich als ich."

Das war ein Schock für sie, aber der Schock war notwendig und hilfreich. Brigitte sagte: „Es reicht!
Schluss mit dem Aufschieben!" Sie änderte ihr Verhalten sich selbst gegenüber, ging noch in derselben Woche zum Scheidungsanwalt und reichte die Scheidung ein. Bald darauf wurde sie geschieden. Das Beste kam zum Schluss: Noch im selben Jahr begegnete sie im Urlaub einem Mann, der optimal zu ihr passte, und sie heirateten bald darauf.

Schenke dir selbst das, was du dir von deinem Partner und anderen wünschst.
Wenn dein Partner, deine Freundin, dein Kollege, dein Chef dich ablehnt, zurückweist, kritisiert, dir nicht zuhört oder dir den Rücken zukehrt, dann kann er/sie (im Moment oder noch) nicht anders handeln. Wenn du denkst: „Er/sie sollte aber doch...", kämpfst du gegen die momentane Wirklichkeit. Auch im

Gegenüber steckt immer ein Kind, das oft verletzt, trotzig, bockig, beleidigt reagiert und sich selbst verurteilt und (noch) nicht lieben kann. Der andere kann nicht anders, so wie du auch oft nicht anders konntest und kannst.

Schenk dir selbst all das, was du dir von deinem Gegenüber wünschst: Verständnis, Zuhören, innere Nähe, Freundschaft, Toleranz, Annahme, Zärtlichkeit, Liebe, Treue, etc. und öffne dein Herz für das annehmende Fühlen deiner Gefühle. Du hast sie erschaffen, sie sind deine „Babys". Und wenn du das kannst, dann schenke dem anderen das, was du dir von ihm oder ihr wünschst. Wer ständig ruft: „Ja, aber die Welt, die Menschen (die Männer/die Frauen) sind halt schlecht, böse, unreif, verletzend...", der verschließt die Tür zum Verstehen und Lieben, der erzeugt Ohnmacht und Handlungsunfähigkeit und macht sich zum Opfer einer scheinbar bösen Welt.
Diese Welt ist voller verletzter Kinder, die sich alle nach der Liebe sehnen, aber meist am falschen Ort danach suchen, nämlich bei einem Partner. Du hast ein Herz, das lieben kann. Verschenke deine Liebe, aber erwarte keine Gegengeschenke. Das Lieben selbst nährt dich. Und die Liebe vermehrt sich, je mehr du sie verschenkst. Du bist von deiner Natur aus Liebe.

Wer die Dunkelheit nicht annimmt, kann das Licht nicht genießen.

Übung: Wie du anderen vergeben kannst

Nimm dir ein Blatt Papier und teile es in drei Spalten. Die mittlere davon sollte etwas breiter sein.
In die erste Spalte schreibst du alle Namen von Personen, mit denen du bis heute nicht in Frieden bist, oder mit denen du unangenehme Gefühle verbindest.
In die mittlere Spalte schreibst du alles, was du diesen Personen vorwirfst, alles, was sie dir angetan haben.
In die rechte Spalte schreibst du deine Gefühle, die dadurch in dir ausgelöst werden: Wut, Trauer, Hass, Ärger, Bitterkeit, Groll, etc.

Fülle zuerst nur die linke Spalte aus. Trage die Namen der Personen ein, die dich verletzt haben. z.B.

Vater	streng bestraft	Wut
Mutter	ungerecht, beschimpft	Groll
Bruder	angelogen, verpetzt	Wut
Mitschüler	gemobbt, ausgeschlossen	Trauer
Lehrer	lächerlich gemacht	Scham
Ex-Partner	verlassen, betrogen	Hass
Schwiegereltern	abgelehnt, bekrittelt	Groll

- Sage klar, wer dich wie und wodurch verletzt hat, und welche Gefühle du dadurch empfindest.
- Triff eine Entscheidung und sprich deine Vergebung laut aus.
- Lass los, trenne dich von deinen negativen Gefühlen.

- Verbrenne den Zettel in einem Ritual und sprich folgende Worte laut aus:

„Du hast mich tief verletzt. Doch ich will nicht länger in der Vergangenheit gefangen sein. Ich bin bereit, dir zu vergeben."

Atme tief durch und sage: „Ich vergebe dir und gebe dich frei."

Atme erneut tief durch und sage: „Du bist frei und ich bin frei."

Achte darauf, wie du dich jetzt fühlst. Vielleicht spürst du noch einen inneren Widerstand.

Atme einfach ruhig und sage: „Ich bin bereit, jeden Widerstand aufzugeben."

Vergebung kann wie das Häuten einer Zwiebel sein. Wenn es zu viele Schichten gibt, lege die Zwiebel für einen Tag weg. Du kannst sie dir jederzeit wieder hernehmen und eine weitere Schicht abschälen. Am allerwichtigsten ist es, dass du dir selbst vergibst. Du hast im Rahmen deiner Möglichkeiten stets dein Bestes gegeben.

Manchmal fällt es uns leichter, anderen zu vergeben als uns selbst. Wir sind oft sehr streng und bestrafen uns unnachsichtig für jeden Fehler. Es ist an der Zeit, dass wir diese selbstschädigende, lieblose Einstellung überwinden.

Sprich folgende Worte laut aus und spüre in dich hinein, wie du dich dabei fühlst:

„Ich nehme alle Verurteilungen, die ich jemals über mich gefällt habe, zurück."

„Ich erkenne, dass ich immer mein Bestes gegeben habe, was mir zum jeweiligen Zeitpunkt möglich war."

Vergib dir! Lass los! Gestatte dir, spontan und frei zu sein! Es gibt keinen Grund für Scham und Schuldgefühle. Jede/r handelt bestmöglich nach seinen/ihren eigenen Möglichkeiten und inneren Mustern. Er/sie kann es nicht besser! Um das zu erkennen, gilt es, mit dem Verurteilen aufzuhören und mit Liebe hinzuschauen.

Vielleicht regen sich bei diesen Worten noch Widerstände in dir. Zu schwer wiegen die Verfehlungen der anderen und auch deine eigenen. Ich verstehe das gut. Auch ich konnte nicht allen und alles vergeben. Es war ein Prozess.

Im „Kurs in Wundern" heißt es: „Ich kann mich entscheiden, es anders zu sehen."
Dazu genügt meine Bereitschaft. Von alten, schmerzvollen Denkmustern wegzukommen und in eine neue Denkweise mit Liebe zurückzukehren, beginnt immer mit der Bereitwilligkeit (ein Grundbegriff aus „Ein Kurs in Wundern"), die Dinge anders sehen zu wollen. Nur die Bereitschaft, es anders sehen zu wollen und mit dem „Recht haben wollen" aufzuhören, kann zu einer Veränderung zum Guten führen und macht Wunder erst möglich.

„Wie ich lernte, zu vergeben" Interview mit Serena W.

Zum Thema Vergeben habe ich meine gute Kollegin und Freundin Serena W. interviewt und ihr Fragen dazu gestellt. Serena ist 50 Jahre alt, seit 26 Jahren verheiratet, hat vier erwachsene Söhne und seit Kurzem ein Enkelkind. Sie geht gerne laufen, ist gerne in der Natur, beschreibt sich als ruhig, offen, selbstreflektiert und schreibt gerne.

Welche Schwierigkeiten und Krisen hattest du in deinem Leben zu bewältigen?
Oh, da gab es viele! Die roten Fäden, die mich immer wieder einholten, waren: mein Gewicht, meine Mutter, mein Verhältnis zur Kirche. Alle drei führten mich des Öfteren in Schwierigkeiten und Krisen.

Mit welchen Situationen oder Personen hast du gehadert?
Dass ich als Kind eine distanzierte und kühle Mutter hatte, die auch keinen Körperkontakt mit mir wollte, sodass ich mich sehr einsam, zurückgewiesen und abgelehnt gefühlt habe. Ich hätte so gerne eine liebevolle, kuschelige und herzliche Mutter gehabt.

Wie bist du damit umgegangen?
Ich verbrachte viel Zeit bei meinen Freunden und/oder Freundinnen und deren Familien. Ich fühlte mich dort willkommener und wertgeschätzter als in meinem eigenen Zuhause.

Was hat dir geholfen, mit der Vergangenheit abzuschließen und Frieden mit ihr zu schließen?
Ich habe mir immer Hilfe gesucht, eine ganze Palette: Mentaltraining, Wing-Wave, Spiegelgesetz, psychologische Beratung, Vergebungsseminare, entsprechende Bücher, usw.
Meine Hoffnung war mein Motor. Hoffnung auf Heilung meiner inneren Verletzungen. Meine Offenheit, zu meinen Verletzungen zu stehen und mir helfen zu lassen.

Was fiel dir dabei schwer?
Es war schwer einzusehen, dass Vergebung und innerer Friede bezüglich der eigenen Vergangenheit nicht auf Knopfdruck gelingen. Kaum hatte ich das Gefühl, ich hätte es nun endlich geschafft, kam wieder ein Rückfall. Ich habe erkannt, dass es ein Entwicklungsweg in Form einer Spirale ist. Ich hatte das Gefühl, mich im Kreis zu drehen und kam doch immer weiter.

Gab es Widerstände in dir?
Ja, sehr viele und große. Einverstanden zu sein, dass genau diese Mutter aus irgendeinem Grund die richtige für mich sein soll, fiel mir schwer zu akzeptieren. Dem Leben zu vertrauen, war auch nicht leicht.

Was war schwerer: Anderen oder dir selbst zu vergeben?
Das Mutter-Sein meiner Mutter und mein Mutter-Sein sind leider irgendwie verwoben. Dadurch, dass ich fast alles anders machen wollte als meine Mutter, habe ich mir andere Probleme geschaffen. Und ich war dadurch mit mir selbst als Mutter extrem streng. Ich wäre sooo gerne perfekt gewesen! War es aber nicht. Und mir einzugestehen, dass ich auch an mancher Stelle versagt habe, war furchtbar. Es gibt einiges, was ich mir lange nicht vergeben konnte. Die Spirale dreht sich weiter. Aber wie gesagt: ich komme gleichzeitig auch immer weiter. Und das ist bereits ein großer Schritt zu mehr Lebensqualität und innerem Frieden.

Was ist das Resümee deines Prozesses der Vergebung?
Mir hilft immer wieder der Satz, den ich mir innerlich vorsage: „Ich vergebe dir, dass du nicht so bist, wie ich dich gerne hätte!" Sowohl (im Stillen) zu anderen als auch zu mir selbst, denn er zeigt, dass es meine eigene Vorstellung ist, die mich verzweifeln lässt, und dass jede/r so sein darf, wie er oder sie eben sein will oder ist. Und auch ich selbst muss nicht meinen eigenen strengen Vorstellungen entsprechen. Die anderen und ich sind frei.

Safari des Lebens
Wie ich mich selbst auf meinen Reisen fand

Ich habe schon als Kind vom Reisen geträumt. In den Nachkriegsjahren war das jedoch nur einer geringen Anzahl von Leuten möglich. Damals besaßen wenige ein Auto. Ich fuhr manchmal mit meiner Mutter mit der Schmalspurbahn von Gmünd im Waldviertel nach Litschau, um meinen Großvater und meine Verwandten zu besuchen, darauf freute ich mich immer sehr.
Manchmal kamen Leute mit einem Pferdewagen, in dem all ihr Hab und Gut untergebracht war, und mit einer großen Kinderschar ins Dorf und boten ihre Dienste als Scherenschleifer oder Kesselflicker an. Danach zogen sie wieder weiter. Sie hatten keinen festen Wohnsitz und waren immer unterwegs.
Solch ein Leben stellte ich mir verlockend und erstrebenswert vor. Mit einem Pferdewagen mit Kind und Kegel durch die Lande zu ziehen, heute hier und morgen dort seine Zelte aufzuschlagen, niemandem verpflichtet, unabhängig und frei zu sein! „Was kann es Schöneres geben?", so dachte ich mir. Ich spürte eine große Sehnsucht, so zu leben, und ich träumte als Kind oft davon, in einem Pferdewagen verschiedene Länder zu bereisen.

Meine Reiselust wurde vor allem durch Bücher über Entdecker, Forscher und Abenteurer beeinflusst, die ausgezogen waren, fremde Erdteile zu erkunden. Ich verschlang die Bücher über Christoph Kolumbus, Vasco da Gama und Marco Polo, um nur einige zu nennen. Dadurch habe ich viel Interessantes über fremde Völker und Kulturen erfahren. Das hat mich sehr beeindruckt und meine Sehnsucht, die weite Welt zu sehen, vergrößert.

Maturareise nach Istanbul

Die erste große Reise meines Lebens war meine Maturareise. Damals war es üblich, nach abgeschlossener Matura eine gemeinsame Reise zu machen. Wir planten eine für damalige Verhältnisse ungewöhnliche Reise, nämlich mit dem Flugzeug für zwei Wochen nach Istanbul zu fliegen, die Sehenswürdigkeiten dieser Stadt zu besichtigen und einige Badetage am Schwarzen Meer zu verbringen. Doch nach einer Serie von Flugzeugunfällen mit vielen Toten verweigerten alle Schülereltern ihre Erlaubnis für die Flugreise. Also suchten wir nach einer anderen Möglichkeit, dennoch in die Türkei zu gelangen. Ein Gmünder Autobusunternehmen bot uns eine Reise nach Istanbul an, und so brachen wir in Begleitung unseres Klassenvorstandes und unserer Lateinprofessorin auf und reisten über Zagreb, Belgrad, Sofia und Edirne in die Stadt am Bosporus, über die ich schon viel gelesen hatte. Unterwegs nächtigten wir in Zelten, in Istanbul wurden wir für eine Woche in einem Hotel in der Altstadt untergebracht.

Es war eine tolle Reise, an die ich auch heute noch, mehr als ein halbes Jahrhundert später, mit großer Freude und Dankbarkeit zurückdenke. Unterwegs hatten wir beeindruckende Erlebnisse, so erinnere ich mich mit Freude an den Abend, als wir mit einer Jugendgruppe aus Australien auf einem Campingplatz hoch über Belgrad in froher Runde beisammen saßen und abwechselnd Lieder aus Australien und aus Österreich sangen. Ich erinnere mich an das Bad in der Maritsa, einem breiten Strom in Bulgarien, in dem wir uns nach den Strapazen der nächtlichen Fahrt durch Bulgarien erfrischten und dabei die Strömung unterschätzten, sodass wir ziemlich weit abgetrieben wurden. Ich erinnere mich an Edirne, die türkische Grenzstadt, und an den Besuch unserer ersten Moschee, der berühmten Selimiye-Moschee. Endlich! Nach vier Tagen anstrengender Fahrt standen wir vor den Toren Istanbuls. Eine fremde Welt tat sich vor mir auf.

In meinem weiteren Leben unternahm ich viele Reisen mit meiner Familie, meist ans Meer nach Italien, ins Tessin, in die Toskana und später mit dem Zelt nach Griechenland. Wir verbrachten Urlaube auf der Insel Kreta, Samos, Lesbos und Rhodos und auf Mallorca und es war jedes Mal wunderschön. Mein Mann liebte das Reisen ebenso wie ich. Er hatte, so wie ich, einen Blick für die Schönheiten der Natur und Kultur. Wir schwammen auf derselben Wellenlänge und verstanden uns ohne Worte.

Afrika – meine große Liebe

Die erste Reise nach Afrika ergab sich durch puren „Zufall". Ich hatte mich vorher schon lange mit Afrika beschäftigt und die Bücher von Bernhard Grzimek gelesen, den Film „Serengeti darf nicht sterben", Dokumentarfilme über Jane Goodall und den Film „Gorillas im Nebel" über Diane Fosseys Leben gesehen. Ich teilte ihre tiefe Liebe zu den Tieren.
Im Juli 1980 reiste ich mit meinen Söhnen Peter und Manfred und meinem Mann Werner zum ersten Mal nach Afrika, genauer gesagt nach Kenia in Ostafrika. Unser Ziel war Mombasa, eine Stadt am Indischen Ozean. Zwei Wochen in einem Hotel am Strand und eine Woche Safari lagen vor uns. Was soll ich sagen: Ich wurde von diesem Land verzaubert. Empfand ich das Leben im Hotel schon als unglaublich, war ich erst so richtig überwältigt, als wir auf Safari gingen. „Safari" ist ein suahelisches Wort und heißt „Reise".

Das Afrikafieber hatte mich befallen – so nennt man dieses Virus, das einen mit unstillbarer Sehnsucht und Leidenschaft für diesen Erdteil infiziert. Die unendliche Weite der Landschaft, der unvergleichliche Wolkenhimmel, das leuchtende Licht der Sonne, die freundlichen Menschen und vor allem Afrikas Wildtiere erfüllten mich mit Staunen. Oftmals bin ich seither nach Afrika zurückgekehrt und konnte viele Länder kennenlernen und meine Liebe vertiefen. Werner war ebenfalls vom Afrikavirus angesteckt worden und hatte vor allem die Tiere ins Herz geschlossen. Gemeinsam fuhren wir auf Safari. Es war jedes Mal ein Abenteuer voller beeindruckender Erlebnisse. Es würde Bücherbände füllen, all meine Erlebnisse in Afrika zu beschreiben.

Reisen ist nach wie vor meine ganz große Leidenschaft. Wie ein Zugvogel durch die Welt zu ziehen, grenzenlos und frei zu sein, war und ist mein großer Wunsch. Ich bin heute sehr dankbar, dass ich meine Sehnsucht auf vielen schönen Reisen stillen durfte.

Auf Safari!

Safari ist ein aufregendes, verheißungsvolles Wort für das Kind in uns, das nie älter wird, das immer auf Entdeckungsreise gehen will in einer freien und wilden Welt – in der Natur, von der auch wir ein Teil sind, aber bei weitem nicht der wichtigste. Das schreibt Kuki Gallmann, die mit ihrem Buch „Ich träumte von Afrika", das auch verfilmt wurde, ein Millionenpublikum erreicht hat.

Safari! Das bedeutet für mich ein Mich-Einlassen in das Abenteuer, das auf mich zukommt, ohne Angst, voller Vertrauen und Vorfreude. Es bedeutet eine Reise in die unendliche Weite der Landschaft, die sich vor mir ausbreitet, über mir ein Himmel mit Wolken zum Angreifen nah. Es bedeutet, in einem Jeep über Schotterpisten und teilweise auf unbefestigten Straßen zu rumpeln und Staubwolken aufzuwirbeln. Es bedeutet, die Augen nicht abwenden zu können von den wilden Tieren in freier Natur und die Bilder aufzusaugen. Auf Safari zu sein, unterwegs in diesem herrlichen, weiten Land, war und ist für mich das Schönste auf der Welt.

Du merkst, wenn ich über Afrika schreibe, gerate ich ins Schwärmen. Jetzt habe ich ausführlich über mich und meine Reisen erzählt und das aus gutem Grund: Auf all meinen Reisen war ich unterwegs zu MIR! Ich entdeckte mich! Ich fand wichtige Puzzleteile, die in meinem „normalen" Alltagsleben fehlten, und ohne die ich nicht 100-prozentig ICH sein konnte. Stattdessen fühlte ich mich oft innerlich leer und unwohl. Diese Puzzleteile heißen: Lebensfreude, Leidenschaft, Abenteuer, Freiheit und Leichtigkeit. Auf meinen Reisen habe ich sie entdeckt und gefunden. Ich habe sie in mein Lebenspuzzle wieder eingefügt. Nun ist das Puzzle vollständig.

Mein Lebenselixier:
Leben, lieben, lachen!

Vor einigen Jahren hatte ich überlegt, an einem der Urlaubsseminare auf der Insel Lesbos teilzunehmen. Jedes Mal hatte ich die Idee aber wieder verworfen. Doch im Frühjahr 2018 war es so weit. Ich war ziemlich ausgelaugt durch die langwierige Erkrankung meines Mannes, deshalb schenkte ich mir diese Seminarwoche zur körperlichen und seelischen Regeneration selbst.
Ich hatte mich für die Woche „Leben, lieben, lachen!" entschieden. Nicht nur der verheißungsvolle Titel hatte mir gefallen, sondern auch das Foto der Seminarleiterin, auf dem mir eine sympathische, blonde, etwa 50-jährige Frau entgegen lachte. Ich wusste sofort: „Das ist die richtige Woche für mich, die gönne ich mir."

Es war gar nicht so einfach, einen Flug nach Lesbos zu bekommen. Es gab keinen Direktflug, nur einen Flug mit Zwischenlandung in Athen mit einer mehrstündigen Wartezeit auf den Weiterflug nach Lesbos. Zuerst rutschte mir das Herz in die Hose. Ich war zwar viel gereist, aber immer mit meinem Mann Werner an meiner Seite. Wie würde ich allein mit allem zurechtkommen? Zum Glück gehöre ich zu den optimistischen Zeitgenossinnen. Ich ließ mich nicht lange schrecken. „Na und! Ich werde es schon schaffen!", sprach ich mir Mut zu und freute mich auf die Reise.
Der Flug nach Athen war kein Problem, der dortige Aufenthalt zog sich jedoch in die Länge, da der Anschlussflug nach Lesbos eine Stunde Verspätung hatte. Es war sehr spät, als ich endlich in Mytilini eintraf. Mit einem Bus fuhr ich mit etlichen anderen Seminarteilnehmerinnen quer über die Insel zur weiträumigen Hotelanlage in der Nähe von Petra. Knapp vor Mitternacht trafen wir, zwei Schweizerinnen und zwei Damen aus Deutschland und ich, in unserem Urlaubsquartier ein. Bei einem späten

Abendimbiss lernte ich die vier näher kennen. „Sehr sympathisch", war mein erster Eindruck. Dann ging es aber ins Bett. Der Tag war lang und anstrengend gewesen. Ein schönes Zimmer mit Meerblick entschädigte mich für alles.

Die Seminartage vergingen wie im Flug. Beatrix, die Seminarleiterin, war eine beeindruckende Frau. Kompetent und souverän gab sie ihr enormes Wissen weiter, sie war einfühlsam und fand für jede der 19 Teilnehmerinnen die richtigen Worte. Ihr Lachen und ihr Humor waren ansteckend. Ich freundete mich mit ein paar Teilnehmerinnen an, mit denen ich mich gut verstand.

Im Seminar ging es um das innere Kind. Ich fand ein Muster, nach dem ich mich seit meiner frühen Kindheit immer verhalten hatte, und das ich bis dato aufrechterhielt. Befreiende Tränen flossen, als ich erkannte, warum ich meine Lebensfreude fast verloren hatte. Ich war immer für alle anderen in meiner Familie da gewesen – für meine Mutter, meinen Vater, meinen Mann und meine Kinder – ich hatte mich um alle gekümmert und bestens dafür gesorgt, dass es jedem gut ging. Dabei hatte ich auf mein eigenes Wohl vergessen.

Folgende Erkenntnis war wie Balsam für meine Seele:
„Ich darf für MICH da sein!"
„Ich darf das tun, was ICH will, was MIR Freude macht!"
„Ich darf endlich in erster Linie für MICH gut sorgen!"

Die gemeinsamen Ausflüge, das Abendessen in typischen griechischen Tavernen, die traumhaften Sonnenuntergänge, griechische Tänze, Barbesuche, tolle Gespräche, neue Freundschaften – es war einfach großartig!

Am letzten Abend fuhren wir mit einem kleinen Schiff zu einem Fischerdorf zum Abendessen. Bei der Rückfahrt wurde gefeiert, viel gelacht und gesungen. Millionen von Sternen funkelten am nächtlichen Himmel. Ich sang mit den anderen aus voller Kehle ein Lied von Maite Kelly:

Ich bin die Frau meines Lebens, genau mein Typ,
ich bin die Frau meines Lebens, ich hab mich so lieb.

Ja und so meine ich es wirklich. Ich war überglücklich! Mit einem Übergepäck an Lebensfreude kam ich nach Wien zurück. Ich hatte viele Komplimente von den anderen bekommen. Besonders gefreut hatte ich mich über die Worte einer jungen Seminarteilnehmerin am letzten Abend in der Bar: „Du bist so ein großes Vorbild für mich. Wie fit und aktiv du bist! Deine Lebensfreude ist ansteckend, dein Lachen, dein Strahlen begleiten mich nach Hause. So wie du möchte ich auch sein, wenn ich alt bin."

Leben, lieben, lachen! Ja so toll kann sich das Leben anfühlen – und zwar in jedem Alter. Halleluja! In Gesprächen mit vielen Frauen unterschiedlichsten Alters habe ich festgestellt, dass ein großer Prozentsatz davon nicht wirklich lebendig ist, dass sie ihr Leben verschlafen, dass sie bestenfalls ahnen, was ihrem Leben Schwung und Lebensfreude verleihen würde, es aber immer auf später verschieben und warten. So vergeht wertvolle Lebenszeit.

Leben, wahrhaftig leben!

Den Tag als etwas Unwiederbringliches begreifen und nützen – das können viele Menschen nicht. So vergeht ein Tag nach dem anderen, eine Woche, ein Monat, ein Jahr ohne besondere Höhepunkte immer im gleichen Trott, und auf einmal ist man alt. Das Leben ist vorbei gegangen und viele haben gar nicht wirklich gelebt.

Deshalb mein dringender Appell an dich: Höre auf, dein Leben auf später zu verschieben, dann, wenn die Kinder groß sind, dann, wenn du in Pension bist, dann, dann, dann!

Was viele nämlich vergessen: Vielleicht gibt es gar kein „dann". Ich erinnere mich noch gut an die Worte meiner Mutter, die ihr ganzes Leben fleißig und schwer gearbeitet hat: "Wenn ich einmal in Pension bin, dann lass´ ich es mir gut gehen." Nun, sie starb mit 56 Jahren!

Lebe heute! Gönne dir jeden Tag etwas Besonderes!
Freue dich über jeden Tag! Beginne schon beim Aufwachen damit!

Denkst du, du hast nichts, worüber du dich freuen könntest, zumindest nicht jeden Tag? Nun, diesen Einwand habe ich fast erwartet. Freue dich, dass du lebst, dass es dir gut geht oder nicht ganz schlecht und denke an das viele Gute, das es sicher in deinem Leben gibt.

Ich habe dir im Buch in vielen Kapiteln Wege und Werkzeuge vorgestellt, die dir helfen können, deinen grauen Alltag bunt zu färben. Ich habe sie alle ausprobiert. Und ich kann aus eigener Erfahrung sagen, dass der Unterschied zu früher wahrlich magisch ist! Das Wichtigste ist jedoch, dass du die Werkzeuge nicht nur sammelst, sondern sie selbst ausprobierst. Es heißt, Erfolg hat drei Buchstaben: T U N.
Wage manchmal etwas Neues, tue Dinge, die du normalerweise nicht tust. Das macht dein Leben bunter und spannender. Erlaube dir, zu spüren, was es wirklich bedeutet, zu leben.

Lachen

Jeder Tag, an dem du nicht lächelst, ist ein verlorener Tag.
Charlie Chaplin

Ich war viele Jahre ein stilles Kind und später eine ruhige, beherrschte Frau, verlässlich und verantwortungsvoll. Immer hatte ich alles unter Kontrolle, auch mich und meine Gesichtszüge. Sich einfach gehen lassen, Unsinn machen, blödeln und Spaß haben, erlaubte ich mir nicht. „Das darf ich nicht! Ich bin für alle und alles verantwortlich!", waren unbewusste, tiefsitzende Überzeugungen in mir. Sie hinderten mich lange Zeit daran, fröhlich und ausgelassen zu leben und herzlich zu lachen. Dabei lache ich sehr gern. Gott sei Dank habe ich mich von meinen einschränkenden Glaubenssätzen vor einigen Jahren getrennt. Seither lebe ich leichter und mein Leben ist lustiger geworden.

Lachst du gern?
Worüber kannst du lachen?

Ist es eher ein inneres Lächeln, oder prustest du lauthals los? Meine Freundin Rosi lacht so laut, dass sich alle nach ihr umdrehen. Ihr Lachen wirkt ansteckend, das liebe ich an ihr.
Ich kann besonders – so wie viele Kinder auch – über Clowns und ihre Späße lachen. Fast jedes Jahr gastiert der Zirkus "Roncalli" in Wien. Ich liebe die Zirkusatmosphäre. Besonders freue ich mich auf die Clowns. Der tollpatschige Clown Zippo und der „weise" Clown Francesco bringen mich herzhaft zum Lachen. Doch ich lache auch gerne über deftigere Dinge. Alte Sketche mit Harald Juhnke oder Didi Hallervorden, Filme mit Louis de Funès und Jean Gabin, Mr. Bean, alte Stummfilme mit Stan Laurel und Oliver Hardy und dem unvergleichlichen Komiker Charlie Chaplin bringen mich zum Lachen, bis mir der Bauch weh tut. Über die Programme vieler bekannter österreichischer Kabarettisten wie

zum Beispiel Andreas Vitasek, Lukas Resetarits und viele andere habe ich schon oft herzlich gelacht. Am liebsten bin ich in Gesellschaft lustiger Menschen. Nichts ist schöner, als in froher Runde beisammen zu sein und zu lachen. Wenn ich mich mit langjährigen Freundinnen beim Heurigen treffe, wird aus einer Anzahl von Ladys im gesetzten Alter eine kichernde Kinderschar, die bei jeder Kleinigkeit loslacht, bis ihnen die Tränen übers Gesicht rinnen. Das befreit und entspannt ungemein.

Sei daher möglichst oft fröhlich und unbekümmert! Sieh an allem die heitere Seite und ertrage die unangenehmen Dinge mit Humor. Humor funktioniert nämlich wie ein umgedrehtes Fernglas. Mit Humor betrachtet, sieht jedes Problem viel kleiner aus.

Es liegt nur an dir, glücklich zu sein

Unzählige Bücher über das Thema Glück sind schon erschienen und jedes Jahr werden es mehr. Die Sehnsucht nach dem Glück ist in uns allen vorhanden. Trotzdem wage ich zu behaupten, dass die Mehrheit der Menschen nicht glücklich ist. Woran mag das liegen? Ich habe mir diese Frage oft gestellt.

Was mich betrifft, kann ich sagen, dass ich sehr oft glücklich bin. Ich habe gelernt, achtsam auf besondere Glücksmomente im Alltag zu sein. Doch auch bei mir gab und gibt es immer wieder Tage, an denen ich nicht glücklich bin. Um glücklich zu sein, benötigst du kein Hufeisen, kein Glücksschwein und keinen Rauchfangkehrer. Glück hängt auch nicht von äußeren Dingen ab, Glück ist ein innerer Zustand.

Goethe sagt so treffend: „Wozu in die Ferne schweifen, sieh, das Gute liegt so nah. Lerne nur das Glück ergreifen, denn das Glück ist immer da!"

Das Glück ist immer da! In diesen Worten liegt eine tiefe Weisheit. Warum sind wir Menschen so oft unglücklich? Wir sehen oft nicht das viele Gute, das wir haben, und das unser Leben reich und erfüllt macht, sondern wir nehmen nur den Mangel wahr und schauen auf das, was uns fehlt. Und die Konzentration auf den Mangel zieht ihn dann erst recht an.
Wie heißt es im Resonanzgesetz? Gleiches zieht Gleiches an, Ungleiches stößt einander ab.
Wenn du zum Beispiel zigmal am Tag daran denkst, dass du keinen Partner hast und dich darüber kränkst, wirst du keinen

finden, denn du selbst hältst ihn durch die Gedanken an deinen Mangel fern. So ist es mit allem, was du dir so sehnlich wünschst, sei es Geld, Erfolg oder Gesundheit.

Das Glück hängt nicht von äußeren Umständen ab, es ist DEINE Entscheidung, ob du glücklich bist!

Die meisten Menschen sind auf ihre Probleme und Ärgernisse fokussiert und das Fatale daran ist, dass es einzig und allein der Glaube an Probleme ist, der diese am Leben erhält. Sie bemerken deshalb oft nicht, welch glückliche Ereignisse sich vor ihrer Nase abspielen. Wenn wir nicht glücklich sind und stattdessen leiden, gibt es in unserer Geisteshaltung bewusst oder unbewusst Gedanken und Überzeugungen, mit denen wir unser Glück verhindern. Diese gilt es herauszufinden, zu hinterfragen und dann loszulassen.

Nun möchte ich dich einladen, dich mit folgender Übung auf deinen inneren Reichtum zu konzentrieren.

Übung: Warum bist du heute glücklich?

Such dir ein gemütliches Plätzchen, zünde eine Kerze an oder versprühe deinen Lieblingsduft und mach es dir bequem. Nimm dein schönes Notizbuch zur Hand und beantworte folgende Frage: „Warum bin ich heute glücklich?"

Wende dich dabei den Dingen zu, die für dich so selbstverständlich sind, dass du sie nicht mehr bemerkst, wenn sie da sind. Schreib sie auf!
Beispiele:
„Ich bin glücklich über den neuen Tag, den mir das Leben schenkt."

„Ich bin glücklich über das gute Frühstück, den Kaffee, das gute Brot, die Butter und die Marmelade."
„Ich bin glücklich über meine Augen, mit denen ich so viel Schönes um mich herum wahrnehmen und lesen kann."
„Ich bin glücklich über meine Ohren, mit denen ich Musik hören kann, die ich so liebe."
„Ich bin glücklich über das warme Wasser, das aus der Wasserleitung fließt und mit dem ich mich waschen, duschen oder baden kann."
„Ich bin glücklich, dass ich zur Schule gehen und Lesen lernen durfte, das ist so vielen Menschen noch immer nicht möglich."

Schreib alles auf, worüber du glücklich bist.

Diese Liste kannst du unendlich lang fortsetzen. Sie macht dir bewusst, wie privilegiert du bist und öffnet dir die Augen für die Fülle und den Reichtum, den es in deinem Leben bereits gibt.

Solange du nicht lernst, dankbar zu sein für die Dinge, die du hast, wirst du nie die Dinge bekommen, die du willst.

Der glücklichste Augenblick

Was war der glücklichste Augenblick in deinem Leben bisher? Fällt er dir gleich ein, oder musst du erst im Fotoalbum deiner Erinnerungen blättern? Mach ihn dir bewusst. Auch wenn er lange vorbei ist, er war einmal da und er lebt in dir, in deiner inneren Schatzkammer. Du kannst ihn immer abrufen und das Glücksgefühl von damals neu beleben und spüren. Diesen Augenblick der Glückseligkeit kann dir niemand nehmen. Wie in einem Speicher sind eine Fülle von Glücksmomenten in uns aufbewahrt, an die wir uns jederzeit erinnern können. Wir können sie jederzeit abrufen und uns daran erfreuen. Wenn wir uns gleichzeitig auf die Glücksmomente im Alltag konzentrieren und sie wahrnehmen – ein freundliches Lächeln, ein aufmunterndes Wort, ein Anruf, der Gesang der Vögel usw. –, dann passieren Wunder.

Nach dem Gesetz der Resonanz ist allein die Fokussierung auf deine Glücksmomente eines der Geheimnisse zum Glücklichsein.

Es gab unzählige Momente in meinem Leben, in denen ich glücklich war. Auf einer langen Perlenschnur sind sie aufgefädelt und jedes Mal, wenn mir einer davon einfällt, zaubert er ein Lächeln in mein Gesicht und erfüllt mich mit tiefer Freude: Als ich das erste Mal das Meer gesehen habe, als ich das erste Mal verliebt war, an meinem Hochzeitstag, als meine Kinder geboren wurden, als mein Sohn Peter nach seiner schweren Operation als Baby gesund wurde und ich ihn vom Krankenhaus nach Hause geholt habe...und viele mehr.

Der absolut glücklichste Augenblick meines Lebens war ein Abend in Afrika in der Masai Mara, einem Nationalpark in Kenia, der an die Serengeti angrenzt. Ich nächtigte mit meinem Mann im Mara Buffalo-Camp am Mara-Fluss. Am Abend saßen wir an einem Lagerfeuer, das Holz knisterte und Funken sprühten, über uns der gewaltige Sternenhimmel. Wir feierten unseren 25. Hochzeitstag mit einer Flasche Sekt, die wir extra aus Wien mitgebracht hatten, denn Sekt gibt es in der Wildnis natürlich nicht. Der Abend war voller Zauber, die Wildnis ringsum, das Zelt-Camp direkt am Mara-Fluss, in dem Flusspferde grunzten, der Sternenhimmel, mein Mann und ich. Ich fühlte eine so große Dankbarkeit und Verbundenheit mit allem, ein ALLEINS-SEIN. Ein unendliches Glücksgefühl durchströmte mich. Es war ein Moment für die Ewigkeit. Ich wünschte mir damals, dass dieser Moment nie vergehen würde.

Immer wieder erinnere ich mich an diesen glücklichsten Augenblick. Die Erinnerung hat mir besonders geholfen, als mein Mann im Juli 2019 gestorben ist. Sein unerwarteter Tod hat mich in große Traurigkeit gestürzt. Doch zum Glück wandte ich an, was ich in den letzten Jahren gelernt hatte, und was ich in meinen Seminaren weitergebe. Auch wenn Werner nicht mehr lebt, ist mir so viel von ihm geblieben. Die Erinnerung an unsere gemeinsame Zeit und an viele Glücksmomente in unserer langjährigen Ehe, besonders die einzigartigen, aufregenden und abenteuerlichen Reisen nach und in Afrika. Wenn ich die Augen schließe, sehe ich Werner und mich am Lagerfeuer sitzen und höre die Geräusche der Wildnis. Dafür bin ich unsagbar dankbar.

Ich sehe glücklicherweise meistens das Glas halbvoll. Ich weiß es zu schätzen, dass ich den Sonnenseiten des Lebens viel mehr Aufmerksamkeit schenken kann als dunkelgrauen, stürmischen Regentagen. Das war nicht immer so. Geprägt von meinen Eltern, die im Zweiten Weltkrieg schlimme Zeiten erlebt und all ihr Hab und Gut verloren hatten, und die sich in den Jahren danach ständig mit finanziellen Sorgen herumschlagen mussten, war es für mich ein riesengroßer Schritt weg von angstvollem und sorgenvollem Denken zu meiner heutigen Leichtigkeit und Unbekümmertheit. Es war ein langer Weg und es war nicht immer leicht, aber ich habe es geschafft! Mag sein, dass meine Offenheit und meine Neugier dem Leben gegenüber hier eine große Rolle gespielt haben. Die Veränderung meiner Sichtweise von „das Leben ist ein Kampf" zu „das Leben ist ein kostbares Geschenk, das Freude und Spaß macht" war das Wunder, das alles Weitere möglich gemacht hat. Dafür bin ich – du hast es erraten - sehr dankbar.

Und das ist es, was ich dir in diesem Buch vermitteln will. Den Schalter umzulegen von einem angstvollen zu einem liebevollen

Denken, ermöglicht es dem Wunder, einzutreten. Du hast immer die Wahl, wie du etwas sehen willst! Alles beginnt in dir! Alles ist möglich! Liebe ermöglicht das Wunder. Unter Liebe verstehe ich eine LIEBEvolle Sichtweise auf das Leben und alles in unserem Leben.

Dazu hier ein (wundervolles) Beispiel aus meiner Praxis:
Maria nahm an einem Spiegelgesetz-Workshop teil. Sie war sehr unglücklich. Der Auslöser für ihren Zustand war ihr Ehemann. Er behandelte sie lieblos und die Ehe stand nach 26 Jahren knapp vor der Scheidung. Es gab dauernd Streit wegen des Geldes aus dem Verkauf des gemeinsamen Hauses. Ihr Mann wollte ihr nichts davon geben. Wir wandten die Spiegelgesetz-Methode an.
Maria beschrieb ihren Mann so:
„Er ist lieblos, misstrauisch, er kapselt sich ab."
Das verurteilte sie an ihm.
Ich lud sie ein, mit dem Spiegelgesetz die Geschenke zu suchen, die in dem Spiegel Ehemann für sie versteckt waren.

Die angstvolle Sichtweise:	*Die liebevolle Sichtweise:*
Lieblos	*Er schaut auf sich.*
Misstrauisch	*Er handelt überlegt.*
Sich abkapseln	*Er setzt Grenzen.*

Die (Liebes)Botschaft/das Geschenk für Maria lautete:
Schau auf dich! Überlege erst, bevor du handelst! Setz Grenzen! Sag öfter „nein"!
Das gefiel Maria. Das hätte sie immer gern gemacht, jedoch nie den Mut dazu gefunden.
Wir fanden die unbewussten Glaubenssätze bald heraus.
„Wenn ich auf mich schaue, bestraft mich das Schicksal und ich muss dafür büßen."
„Wenn ich einen Fehler mache, bin ich eine Versagerin."
„Wenn ich nein sage, sterbe ich einsam und verlassen."

Nur zu bereitwillig gab Maria diese leidvollen Überzeugungen auf und wählte als Stütze folgende Kraftgedanken:
„Ich nehme mich wichtig!"
„Ich schaffe alles mit links!"
„Ich darf nein sagen und werde dafür geliebt!"
Schon zwei Wochen nach dem Workshop meldete sich Maria überglücklich bei mir:
Ihr Mann sei wie ausgewechselt. Von Scheidung keine Rede mehr. Das Geld aus dem Hausverkauf übernahmen beide und teilten es. Am kurz darauffolgenden Hochzeitstag überraschte Marias Mann sie während eines Balles mit einem Riesen-Rosenstrauß und einem Ständchen, gespielt von der Musikkapelle.

Wenn du, so wie Maria, unglücklich bist, weil dich Menschen in deiner Familie oder im Job mit ihrem Verhalten kränken und verletzen, verurteile und beschuldige sie nicht länger. Schau in den Spiegel und entschlüssle die Botschaft, die dahintersteckt. Dein Visavis will dir nichts Böses, auch wenn es für dich so aussehen mag. Es ist ein „verkleideter" Engel, der dir geschickt worden ist, dein sogenannter „Arschengel" wie der bekannte Psychotherapeut und vielfache Bestsellerautor Robert Betz ihn in seinen Büchern bezeichnet. Ohne ihn könntest du deine Geschenke nicht finden.

Bei meinen Recherchen zum Thema Glück habe ich eine Geschichte von Osho gefunden, einer der bekanntesten spirituellen Persönlichkeiten des vorigen Jahrhunderts. Die Geschichte stammt aus seinem Buch „Freude" und handelt von Rabia, einer berühmten Sufi-Mystikerin. Eines Tages suchte sie auf der Straße vor ihrem Haus verzweifelt nach einer Nadel. Langsam wurde es dunkel und die Menschen halfen ihr dabei, die Nadel zu finden. Doch sie blieb verschwunden. Da fragte plötzlich einer ihrer Helfer, wo sie die Nadel denn genau verloren hätte. Rabia meinte, sie wäre ihr in der Hütte runtergefallen, woraufhin die

Leute lachten und bereits weggehen wollten. Doch Rabia hielt sie zurück und meinte nur, dass es mit der Suche nach der Nadel ebenso sei wie mit der Suche nach Glück. Oft würde man es im Außen suchen, obwohl es sich im Inneren befände. Erst, wenn man in sich selbst zu suchen beginne, würde man sein wahres Glück entdecken, denn Glückseligkeit sei nicht etwas, das man erschaffe, sondern der innerste Kern.
(Vgl.: Osho, „Freude – Das Glück kommt von innen")

Übung: Bringe das Glück in dir zum Leuchten

Nimm dir Zeit für die Beantwortung der folgenden Fragen. Nimm dein Notizbuch zur Hand, versprühe einen guten Raumduft, spiel deine Lieblingsentspannungsmusik. Setz dich auf deinen Lieblingsplatz und nimm einige tiefe Atemzüge in deinem dir eigenen, angenehmen Atemrhythmus, bis du zur Ruhe kommst. Nun beantworte folgende Fragen und lass dir dafür genügend Zeit.
Welche Gaben und Talente habe ich in dieses Leben mitgebracht?
Was konnte ich schon als Kind besonders gut?
Was ist mir besonders leichtgefallen?
Was hat mir Freude gemacht?
Woran hatte ich Spaß?
Bei welchen Tätigkeiten bin ich glücklich?
Wie oft tu ich das, was mich glücklich macht?
Wie viel Zeit nehme ich mir dafür?

Wir wissen, was uns glücklich macht, aber wir nehmen es/uns meist nicht so wichtig.
Nimm dir ab jetzt mehr Zeit dafür!

Noch etwas empfehle ich dir: Den Blick in deine ganz persönliche Schatzkammer.

Meine persönliche Schatzkammer beinhaltet folgende Schätze: Ich lebe in einem schönen Land, das die Natur mit herrlicher Landschaft ausgestattet hat, mit hohen Bergen, lieblichen Tälern, Flüssen, Seen, Wiesen und Wäldern.

Ich hatte eine Kindheit voller Liebe. Obwohl meine Eltern aus bescheidenen Verhältnissen stammten und im Krieg das Wenige, das sie besessen haben, verloren hatten, gaben sie mir immer das Gefühl, geliebt zu sein. Sie hatten ihre Träume und Ziele. Strebsam und fleißig haben sie einen Großteil davon verwirklicht. Darin sind sie mir ein Vorbild.

In meinem ganzen bisherigen Leben habe ich nie Hunger gelitten. Immer gab es genug zu essen und zu trinken.

Ich hatte immer ein schützendes Dach überm Kopf und ein warmes Bett zum Schlafen.

Ich hatte die Möglichkeit, das Gymnasium zu besuchen und die Matura zu machen. Für jemanden, der so leicht und gern lernte wie ich, und der so wissbegierig war, ein großes Glück.

Ich war in meinem bisherigen Leben nie ernstlich krank. Ich bin gesund bis auf die Knochen! Ich bin fit und vital und fühle mich wohl.

Ich hatte 55 Jahre einen Partner an meiner Seite, mit dem ich innig verbunden war, der in guten und in schlechten Zeiten für mich da war, so wie ich für ihn. Die Liebe zu ihm bleibt, auch wenn er im Juli 2019 gestorben ist.

Ich habe zwei Söhne und zwei Schwiegertöchter, die ich sehr liebe, mit denen ich mich gut verstehe und auf die ich stolz bin.

Ich habe zwei Enkelkinder, die mir so viel Freude machen und die ich von Herzen liebe.

Ich habe einen Beruf, der mir viel Freude macht, in dem ich meine Talente und Begabungen einbringen kann und mit dem ich anderen Menschen helfen kann.

Ich kenne viele Menschen, die mich mögen und mich bestätigen und denen ich trotz/wegen meines Alters ein Vorbild bin.

Ich habe ein paar gute Freundinnen, bei denen ich mich aussprechen kann und die mir Mut zusprechen, wenn ich einmal nicht gut "drauf" bin.

Ich wohne in einer kleinen, aber gemütlichen Wohnung am Stadtrand von Wien im Grünen, und ich besitze ein Haus im Waldviertel, wo ich mich so wohlfühle. Hier sind meine Wurzeln und ich spüre bei jedem Aufenthalt, wie ich Kraft und Energie tanke, Frieden und Ruhe finde.

Ich hatte und habe immer genug Geld, um in die weite Welt zu reisen. Reisen bedeutet mir sehr viel. Es ist die Leidenschaft meines Lebens.

Ich habe Augen und Ohren, um die Wunder der Natur zu erkennen und in mich aufzunehmen.

Ich bin ein optimistischer Mensch mit einer positiven Lebenseinstellung.

Wofür bist du dankbar?

Liebe dich selbst und das Leben liebt dich

Die Liebe ist ein seltsames Spiel, sie kommt und geht von einem zum anderen, heißt ein Lied, das ständig im Radio gespielt wurde, als ich 17 und das erste Mal bis über beide Ohren verliebt war. Der Himmel hing voller Geigen, ich spürte Schmetterlinge im Bauch, wenn ich Hans ansah, und auch er war in mich verliebt. Es war Sommer, ich hatte Ferien. Wir trafen uns fast täglich zu romantischen Spaziergängen, wir hielten Händchen und wir küssten uns. Mehr fand nicht zwischen uns statt. Es waren andere Zeiten. Anfang Herbst flatterte ein Brief ins Haus, in dem sich mein Liebster von mir verabschiedete. Auch heute noch, einige Jahrzehnte später, fällt es mir ein, wie traurig ich damals gewesen bin und wie bitter ich geweint habe. Rückblickend weiß ich jedoch, dass es das Beste war, was geschehen konnte, es war eben nicht mehr als eine Liebelei, ein Sommer-Flirt, eine romantische Träumerei.

Männer mag man eben

Meine Beziehung zu Männern war fast mein ganzes Leben lang mit vielen Vorurteilen und Glaubenssätzen behaftet. Sie stammten meist von der Gesellschaft und von der Kirche. „Mädchen haben anständig zu sein und dürfen sich nicht mit Männern einlassen. Ein anständiges Mädchen tut das nicht! Mädchen müssen scheu und zurückhaltend sein, sonst haben sie einen schlechten Ruf", so hörte ich es von meiner Mutter. Ich hielt mich daran. Besonders wenn mir ein männliches Wesen gefiel – und da gab es einige – schlug ich züchtig die Augen nieder und zeigte ihm die kalte Schulter. Außerdem war ich groß (1,75m war 1960 für eine

Frau ein Gardemaß) und fast zehn Kilo zu schwer, wie eine Walküre eben. Das war bei Gleichaltrigen ein großes Manko, außerdem interessierten mich Gleichaltrige nicht. Trotz meines abweisenden Verhaltens traf mich kurz nach der Matura Amors Pfeil, als ich Werner, meinem blonden Helden, begegnete. Wir verliebten uns und heirateten bald. Unsere Ehe hielt 55 Jahre lang, bis Werner 2019 starb. Wir hielten uns die Treue in guten und in schlechten Zeiten, wie wir es vor dem Traualtar versprochen hatten. Ich verwandelte mich während dieser Zeit mehrmals, äußerlich wie innerlich. Aus der gefräßigen Raupe wurde ein schlanker Schmetterling, aus dem schüchternen Mädchen eine selbstbewusste Frau. Nun blickten mir die Männer oft bewundernd nach und flirteten mit mir. Doch „eine anständige Frau" flirtet nicht und außerdem hatte ich Angst vor dem Feuer in mir. Heute tut es mir leid, dass ich meine weibliche, sexy Seite so lange verdrängt und nicht gezeigt habe. Seit Werners Tod, in meinem „vorgerückten" Alter, erlebe ich eine weitere Veränderung.

Schluss mit allen Ängsten und Vorurteilen. Schluss mit meinem alten Frauen- und Männerbild! Endlich leben, endlich lieben! Wenn nicht jetzt, wann dann? Und so wandere ich auf Freiersfüßen und bin auf der Suche nach einem passenden Partner für mich. Ich habe mich bei einer Partnervermittlung angemeldet und erlebe dabei so manches Überraschendes. Ich bin jedoch zuversichtlich, dass ich auch in meinem Alter einen Partner finde, der optimal zu mir passt. Doch ich bin anspruchsvoll und will nicht Hunderte Frösche küssen, bis der Märchenprinz dabei ist.

Ich male mir meine Partnerschaft in bunten Farben aus und manifestiere meinen Wunschpartner täglich. Zugleich halte ich Ausschau nach Mister Right und zeige mich Männern gegenüber nicht mehr so zugeknöpft, sondern von meiner weiblichen, sexy Seite. Ich sehe ja zum Glück noch einigermaßen knusprig und jugendlich aus. Mal sehen, was beziehungsweise wer kommt!

Alles hat sich verändert, als ich mich selbst zu lieben begann und mich als Frau angenommen habe, so wie ich bin, und aufgehört habe, mich und meinen Körper zu kritisieren. Ich bin eine attraktive, große und selbstbewusste Frau! Das mag ich an mir. Und das strahle ich auch aus.

Wenn du dich auch nach einem Partner sehnst und enttäuscht wurdest und wirst, weil es nicht und nicht klappt, dann schau dir zuerst einmal dein Frauen-/Männerbild an und finde deine unbewussten Glaubenssätze heraus, die dich beim Finden deines Idealpartners sabotieren. Auch hier kann dir das Spiegelgesetz sehr behilflich sein.

Dazu ein weiteres Beispiel aus meiner Praxis. Diesmal geht es um Christina und ihr Männerproblem:
Christina hatte von ihrer Freundin einen Gutschein für ein Einzelgespräch geschenkt bekommen, den sie nach einigen Wochen des Zögerns bei mir einlöste.
Sie war sehr traurig, als sie mir von ihrem Partnerproblem erzählte. Sie geriet immer an dieselbe Sorte Männer, klagte sie. Zuerst sei alles wunderbar, jedoch nach kurzer Zeit passiere immer dasselbe.
Sie beschrieb die Situation folgendermaßen:
„Die Männer sind rücksichtslos und kommen und gehen, wann sie wollen. Sie sind nur am Sex interessiert."

Wir machten uns mit Hilfe der sechs Schritte meiner Spiegelgesetz Methode auf die Suche nach Christinas Geschenken.

Das erste Geschenk: Christinas Potenzial
Rücksichtslos, kommt und geht, wann er will > Tut, was er will und setzt sich durch
Nur am Sex interessiert > Gönnt sich sein Vergnügen, genießt das natürliche Bedürfnis nach Sex

Christina fand ihr Potenzial, das sie nicht lebte, aber leben soll:
„Ich habe das Potenzial, zu tun, was ich will und mich durchzusetzen."
„Ich habe das Potenzial, mir mein natürliches Bedürfnis nach Sex zu gönnen."

Das zweite Geschenk: Mit dem Frage- und Antwortspiel fanden wir die blockierenden Glaubenssätze heraus
„Mütter müssen auf ihre Karriere verzichten und sich in erster Linie um die Kinder kümmern."
„Frauen, die ihr Bedürfnis nach Sex ausleben und genießen, sind Schlampen und werden von der Gesellschaft geächtet."
Diese Überzeugungen hatte Christina in ihrer Kindheit oft gehört und übernommen.
Freudig gab Christina die hinderlichen Glaubenssätze auf und entschied sich für diese Kraftgedanken:
„Ich erlaube mir immer öfter, zu tun, was ich will und mich durchzusetzen."
„Es ist natürlich und völlig okay, Sex lustvoll zu genießen. Ich bin es mir wert."
Was dann passierte, erfuhr ich einige Wochen später. Christina berichtete mir überglücklich, dass ein neuer Partner in ihr Leben getreten sei, mit dem alles (auch Sex) so viel Spaß machte, und der sie aufmerksam und liebevoll behandelte.

Im „Kurs in Wundern" (siehe das Kapitel „Vergebung ist der Schlüssel zum Glück") werden Beziehungen wie folgt beschrieben: Die Besondere Beziehung – die Heilige Beziehung
Solange wir meinen, von einem Partner etwas zu brauchen oder bekommen zu müssen, handelt es sich um eine an Bedingungen geknüpfte Liebe.

Im **„Kurs in Wundern"** wird sie **als Besondere Beziehung** bezeichnet. Aussagen wie
„Ich liebe dich, wenn..."
„Ich liebe dich, weil..."
„Ich brauche dich, weil..."
kennzeichnen diese Beziehung.

Die Heilige (bedingungslose) Beziehung:
Darunter versteht man eine Liebe ohne Bedingungen, ohne Erwartungen, ohne Grenzen. Das ist **das Gesetz der Liebe.**

Übung: Die fünf wichtigsten Menschen in deinem Leben

Nimm dein Notizbuch zur Hand und gönne dir eine halbe Stunde Zeit. Setze dich auf deinen Lieblingsplatz. Schalte dein Handy aus und schau, dass du nicht gestört wirst. Versprühe deinen Lieblingsduft und höre zur Einstimmung deine Lieblingsmusik. Nun atme tief ein und aus in deinem eigenen Rhythmus, bis du zur Ruhe gekommen bist.

Notiere nun die Namen der fünf wichtigsten Menschen in deinem Leben. Überprüfe deine Beziehung zu ihnen, zu einer Person nach der anderen. Gehe sämtliche Kriterien der „Besonderen Beziehung" und der „Heiligen Beziehung" durch und antworte ehrlich, indem du entweder „BB" für „Besondere Beziehung" oder „HB" für „Heilige Beziehung" danebenschreibst.

1.
2.
3.
4.
5.

Wie willst du heute deinen Mitmenschen begegnen?
Jeder Tag bietet dir viele Chancen, immer mehr und tiefer zu lieben. Bei jeder Begegnung mit dir oder einem Mitmenschen wählst du unbewusst oder bewusst, zu lieben oder zu verurteilen, zu trennen oder zu verbinden, zu verletzen oder zu heilen. Werde dir immer bewusster, dass du bei jeder Begegnung diese Entscheidung triffst. Denn in jedem Fall triffst DU eine Wahl und für diese und die Folgen bist nur DU selbst verantwortlich.
Frage dich: "Wer will ich heute und an jedem weiteren Tag meines Lebens sein?", „Will ich meine Welt heute bereichern oder ärmer machen?", „Will ich Freude in die Welt bringen oder Frust?", „Will ich Frieden bringen oder Krieg?"
Du hast die Wahl! Triff sie bewusst aus deinem Herzen. Denn niemand kann deine Innen- und Außenwelt verändern, nur DU selbst.

Du selbst veränderst die Welt,
heute und in jedem Moment
nach ‚oben' oder nach ‚unten' –
du triffst die Wahl, bewusst oder unbewusst.

Wenn du dir eine bessere, gerechtere, humanere, liebevollere Gesellschaft wünschst, dann sei du selbst die Veränderung. Schau dir an, was du an dir selbst noch nicht liebst und beginne, dich damit zu lieben.
Es gibt nur zwei Möglichkeiten, wie man sich einem anderen Menschen gegenüber verhält. Die eine basiert auf Angst – die andere auf Liebe. Diese zwei vermischen sich nie.
Alles, was nicht Liebe ist, ist also Angst. Alles, was nicht Angst ist, ist Liebe.
Meine eigene Erkenntnis aus meinem Leben dazu:
Liebe denkt nicht, Liebe fragt nicht, Liebe sucht nicht, Liebe kämpft nicht, Liebe verurteilt nicht:
Liebe IST!

Während ich an diesem Kapitel geschrieben habe, habe ich mich auch mit der Frage beschäftigt, was Liebe eigentlich für mich ist.

Auf den Punkt gebracht: Die Liebe ist das Wichtigste für mich, sie gibt mir Kraft und Energie und ist der Sinn meines Lebens. Sie ist das schönste und größte Geschenk im menschlichen Dasein und erfüllt mich mit Lebensfreude und Glück. Liebe kann sich in vielen Facetten zeigen. Beispielsweise als innige Liebe und Verbundenheit mit unseren Kindern, mit der Familie und sogar mit einem Haustier.

Liebe gibt Wärme und Geborgenheit, ist wie ein Lagerfeuer oder ein Kamin, der Wärme spendet, wenn es kalt ist. So habe ich die Liebe in meiner Ehe erfahren. Mein Mann war wie das wärmende Feuer, das immer brannte und nie ausging. Diese Liebe erfüllte mich mit Zuversicht und Vertrauen. Ich konnte mich in diese Liebe fallen lassen ohne Angst.

Die Liebe zeigt sich auch als ein leidenschaftliches, intensives Gefühl, vergleichbar einem lodernden Feuer, wie wildes Wasser, wie ein Sturm, der über einen hinwegbraust und mitreisst. Vor dieser Liebe hatte ich lange Zeit verständlicherweise Angst, obwohl sie mich immer fasziniert hat. Diese Art von Liebe ist wie eine abenteuerliche Fahrt auf einem Karussell oder einer Hochschaubahn.

In dem Buch von Milan Kundera „Die unerträgliche Leichtigkeit des Seins" wird Liebe so beschrieben. Das Buch und der Film haben mich unglaublich beeindruckt. Es ist die Geschichte von zwei Menschen, die in schwierigen Zeiten (Prag 1968) miteinander in Liebe und Leidenschaft verbunden sind und voneinander nicht loskommen. Dieser Film hat mein Herz berührt. Wie alles, das derart intensiv ist, etwas in mir zum Klingen bringt.

Wie können wir Liebe in unserem Leben ausdrücken und geben?

- **Schenke anderen ein Lächeln und ein freundliches Wort**
  Interesse und Mitgefühl drücken ebenfalls liebevolle Anteilnahme aus. Ein Lob, ein Kompliment, ein tröstendes Wort bereichern den Empfänger und dich. Ich war oft verblüfft, wenn mir Klient*innen erzählten, wie sehr ihnen meine wertschätzenden Worte, an die ich mich gar nicht mehr erinnert habe, geholfen haben.
- **Verändere dein Denken und achte auf deine Worte**
  Wenn du merkst, dass du Menschen, Situationen oder deine Lebensumstände verurteilst und ablehnst, halte inne. Verurteilen bedeutet immer Trennung. Sag dir bewusst: "Ich bin entschlossen, die Dinge anders zu sehen!". Ich weiß aus Erfahrung, dass das am Anfang schwerfällt, mir ist es lange ebenso ergangen. Dann nimm dein Urteil zurück und schau noch einmal hin – diesmal mit Liebe. Es wird anders für dich sein.

Liebe ist auch, wenn wir Nähe zulassen und uns offen zeigen. Wenn wir einfach auf andere Menschen zugehen. Wenn wir anderen helfen, ohne eine Gegenleistung zu erwarten. Wenn wir anderen unsere Aufmerksamkeit schenken und – am wichtigsten – wenn wir sie lieben ohne Wenn und Aber!

Liebe schenken und Liebe empfangen ist eins!
Wer Liebe gibt, wird Liebe ernten.

Unverschämt weiblich
Interview mit Constanze Baier

Zum Thema Liebe hatte ich das große Vergnügen, Constanze Baier zu interviewen, die Frauen mit ihrer Marke „Unverschämt weiblich" dabei hilft, sich liebevoll selbst anzunehmen.

Was kann man sich unter „Unverschämt weiblich" genau vorstellen?
Ich begleite Frauen dabei, sich und ihren Körper liebevoll anzunehmen und ihre innere Fülle und ihre ganze Schönheit voll auszukosten. Für mich beginnt die Liebe mit der Liebe zu mir selbst. Mir ist es ein Herzensanliegen, dass sich Frauen stolz und selbstbewusst mit der Magie ihres Körpers verbinden, um ihre weiblichen Qualitäten lustvoll fühlen und ausdrücken zu können. Für mich ist der weibliche Körper ein Mysterium und ich wünsche mir, dass jede Frau dies selbst entdecken und erkennen kann, welches Wunder sie verkörpert. Doch das war nicht immer so. Früher hatte ich deutlich weniger Zugang zu mir und es fiel mir schwer, Liebe für mich zu empfinden.

Gab es Schlüsselelemente für diese Verwandlung?
Es gab drei wichtige Schlüsselelemente, die mich auf dem Weg zu mir als der „Liebe meines Lebens" gebracht haben.
- Vor 15 Jahren war ich unzufrieden mit meiner Figur und mit mir selbst. Damals empfand ich meine weiblichen Kurven nicht als Segen, sondern als Last. Ständig wollte ich abnehmen, ich kannte alle Diäten und ich hoffte, wenn ich abgenommen hätte, dann würde ich endlich glücklich sein.
- Viele Jahre war mein Leben eine Jagd nach Erfolg. Ich bereiste die ganze Welt, stieg in den tollsten 5-Sterne-Hotels ab und fuhr ein dickes Auto. Fast zwanzig Jahre

habe ich in Vertriebs- und Führungspositionen für die größten Unternehmen in der Unterhaltungselektronik-Industrie gearbeitet. Der Erfolg hatte den Preis, dass ich meine Lebendigkeit, Lebensfreude und Sanftheit verlor. Ich kaufte mir, was ich wollte: Schöne, teure Kleider, gönnte mir Massagen und aß in teuren Restaurants. Meine innere Leere konnte es nicht ausfüllen. Ich zweifelte an mir, fühlte mich überfordert und überschritt permanent meine Grenzen. Ich hatte keinen Zugang zu meinen inneren Bedürfnissen und tat vieles für die Anerkennung im Außen. Bis ich mit 40 meinen langjährigen Job verließ und mich für eine zweijährige Auszeit entschied. Was als eine dreimonatige Reise in den USA begann, wurde zu einer Entdeckungsreise von mir selbst.

- Nach meiner Rückkehr aus den USA lernte ich meine Stadt Berlin völlig neu kennen. Und ich lernte einen neuen Mann kennen, der mich auf eine viel tiefere Art in die Künste der Liebe einführte. Seit Langem hatte ich wieder lust- und hingebungsvollen Sex. Zur gleichen Zeit erkannte ich, dass ich mich und meinen wundervollen, weiblichen Körper überhaupt nicht kannte und ihn nicht würdigte für das Wunder, das er ist. Um zu erkennen, dass ich eine lustvolle, ekstatische Frau bin, brauchte es lediglich meine Annahme.

Was war der eindrucksvollste Moment deines Lebens?
In Bali nahm ich an einem Doula-Kurs teil (eine Doula ist eine nichtmedizinische Helferin, die eine Frau emotional und körperlich neben der Hebamme während der Geburt begleitet) und begleitete eine Frau bei der Geburt ihres Kindes. Dies war der eindrucksvollste Moment meines Lebens, diese unfassbare weibliche Urkraft, mit der eine Frau Leben schenkt. Seitdem ist es mir ein tiefes Herzensanliegen, Frauen an ihre innewohnende

Magie, ihre unfassbare Stärke und ihre Einzigartigkeit zu erinnern.

Was hat sich bei dir geändert, seitdem du zur Liebe deines Lebens geworden bist?
- Ich lasse mich von der Lust leiten statt vom Druck.
- Früher konnte ich meinen Anblick im Spiegel oder auf Fotos nicht ertragen und war mein härtester Kritiker. Heute flirte ich liebevoll mit mir und habe Freude an mir.
- Ich bin sanfter geworden und verurteile mich nicht mehr, wenn ich manches nicht geschafft habe.
- Heute fließt die Essenz meines transformierenden Prozesses in meine Arbeit ein.
- Ich habe mein Angebot „Unverschämt weiblich" genannt. „Unverschämt" ist doppeldeutig: Es beinhaltet das freche, spritzige sich-selbst-Lieben und die Scham. Die Scham, die mich zurückgehalten hat, meinem weiblichen Potenzial vollen Ausdruck zu verleihen, egal, was andere sagen.

Mein schönstes Geschenk ist, wenn meine Klientinnen eine neue Beziehung zu sich entdecken und von innen zu strahlen beginnen.

Wie lautet deine Botschaft an uns Frauen?
Entdecke dein einzigartiges Strahlen, fühle es, nimm dich liebevoll an. Sei unverschämt weiblich und zeige dich so, ohne Wenn und Aber! Das ist es, nach dem sich alle Frauen sehnen.

Worauf noch warten? Dein Leben ist jetzt!

Als ich jung war, habe ich mir, wie so viele, wenig Gedanken gemacht über Lebenszeit. Jetzt, mit 77, schaut das schon anders aus. Ich denke manchmal daran, dass die längste Zeit meines Lebens hinter mir liegt. Und dennoch, sehr viel Aufmerksamkeit widme ich dem nicht. Das hat viel mit meiner Lebenseinstellung zu tun.

Leben ist jetzt!

Welch ein Unterschied zu meiner Großmutter und Mutter. Beide haben bei vielen ihrer Pläne und Vorhaben schon ab 50 gesagt: „Nächstes Jahr, wenn ich noch lebe, werde ich..."
Unlängst habe ich zufällig mit angehört, wie sich meine beiden Enkelkinder unterhalten haben:
Die achtjährige Nicole meinte: „Wenn ich groß bin, ist die Oma schon tot." Darauf antwortete der zehnjährige Christopher: „Die Oma wird bestimmt 100 Jahre alt."
Ich musste schmunzeln. Ja, 100 Jahre, das traue ich mir schon zu. Dann hätte ich noch 23 Jahre Lebenszeit, fast ein Vierteljahrhundert. Das klingt recht vielversprechend.
Ich bin fest überzeugt, dass jede/r dazu beitragen kann, wie alt sie/er wird und WIE sie/er alt wird.

Alt werden steht in Gottes Gunst,
jung bleiben, das ist Lebenskunst.
Deutsches Sprichwort

Ich lass mir wegen meines Alters keine grauen Haare wachsen (ich färbe sie stattdessen, hahaha). Ich freue mich, dass ich lebe, bin neugierig, lerne gern, bilde mich weiter und mir wird nie langweilig. Ich habe eine positive Einstellung zum Leben und sehe das Glas stets halbvoll. Ich bin dankbar, dass ich lebe und empfinde das Leben als kostbares Geschenk. Ich liebe das Leben und ich liebe mich!

Das war nicht immer so, wie du es diesem Buch entnehmen konntest. Da waren viele Veränderungen notwendig, ich habe mich einige Male gehäutet, um so leicht und frei und lebensfroh zu werden, wie ich heute bin.
Schwung und Lebensfreude, Mut und Selbstvertrauen haben mich zu der Frau gemacht, die ich jetzt bin.
Das kann jede/r, wenn er/sie es wirklich will, glaube mir! Es sind viele kleine Schritte, die dazu führen.

Lebensfreude hat für mich viel mit Tun zu tun: Mich bewegen, tanzen, singen, lachen, mit Freunden beisammen sein und feiern. Das gibt mir das intensive Gefühl der Freude und Lebendigkeit.
Für mich ist es auch ein Jungbrunnen, beschäftigt zu sein mit Dingen, die ich gerne mache.

Was ist anders aufgrund meines Alters? Ich nehme die Menschen, die Dinge und die Lebensumstände nicht mehr so ernst wie früher und lebe mehr in den Tag hinein. „Es ist, was es ist, und es wird, was ich daraus mache", ist meine Devise. In einem Lied, das vor langer Zeit der berühmte Heinz Conrads sang, heißt es: *Im Leben geht alles vorüber, auch das Glück, doch zum Glück auch das Leid.* Das hilft mir, auf schmerzvolle Situationen gelassener zu reagieren.
Ich schaue nach vorn auf die Zeit, die vor mir liegt. Aus der Vergangenheit habe ich die glücklichsten Momente aufbewahrt und die weniger glücklichen aus meinem Gedächtnis gestrichen.

Was ich dir zum Abschied mitgeben möchte, wurde in einem bekannten Brief, den ein Großvater an seine Enkel schrieb, so wundervoll zusammengefasst:

- Folgt euren Hoffnungen und Träumen.
- Meidet die nörgelnden Pessimisten.
- Macht euch eure Ängste bewusst, aber seht sie nicht als Feind.
- Alle anderen sind auch nur normale Menschen mit Zweifeln und Ängsten.
- Macht eine Liste mit allen Dingen, die ihr in eurem Leben erleben wollt.
- Hört immer auf die Stimme eures Herzens.
- Wählt einen Beruf, den ihr liebt.
- Lebt im Einklang mit der Natur.
- Erkennt Krankheiten als Botschaft der Seele.
- Umarmt die Menschen, die ihr liebt.

Seit ich das Buch „Finde deine Lebenskraft" von Louise Hay gelesen habe, halte ich mich an folgende Regeln:

- Ich streiche das Wort "alt" aus meinem Wortschatz und verwende stattdessen den Ausdruck "länger leben".
- Ich bin stets offen, neugierig und aufgeschlossen für neue Ideen.
- Ich trenne mich von einschränkenden Glaubenssätzen, sobald sie mir bewusst geworden sind.
- Ich erlaube mir, ab und zu verrückt zu sein und aus der Reihe zu tanzen.
- Ich sorge gut für mich und meinen Körper und verwöhne mich.

Es ist mir mit den Jahren immer wichtiger geworden, meinen eigenen Weg zu finden und zu gehen. Das hat mich froh und glücklich gemacht.
Denn den eigenen Weg zu gehen und sein eigenes Lied zu singen, das wünschen wir uns alle. Es ist wie "im Himmel" und macht uns glücklich.

„Wie im Himmel" hieß der wundervolle, berührende schwedische Film, der vor einigen Jahren sogar den Auslandsoscar gewonnen und Menschen in zahlreichen Ländern verzaubert hat. Auch mich hat dieser Film sehr berührt. Darin gibt es "Gabrielas Lied", das mit den Jahren auch meines geworden ist. Mit meiner Lieblingsstrophe aus diesem Lied beende ich dieses Kapitel.

Gabrielas Song
Ich will leben, glücklich sein, wie ich bin.
Offen, mutig, stark und frei.
Die Zeit, die geht so schnell vorbei.
Ich will wachsen, staunen über diese Welt

und den Himmel, den find ich hier,
wenn ich glaube und such in mir.
Ich will sagen, JA, ich hab gelebt.
(„Wie im Himmel", deutscher Text von Py Päckmann)

Zugabe
Der knallrote Hut

Mit drei Jahren:
Sie schaut sich an und sieht eine Königin.

Mit acht Jahren:
Sie schaut sich an und sieht Aschenputtel.

Mit 15 Jahren:
Sie schaut sich an und sieht eine Hässliche;
„Mama! So kann ich nicht in die Schule gehen!"

Mit 20 Jahren:
Sie schaut sich an und findet:
„Ich bin zu dick oder zu dünn und habe zu glatte Haare oder zu viele Locken", stellt aber fest, sie habe keine Zeit, sich darum zu kümmern und geht trotzdem aus.

Mit 40 Jahren:
Sie schaut sich an und findet:
„Ich bin zu dick oder zu dünn und habe zu glatte Haare oder zu viele Locken.
Zumindest bin ich sauber", sagt sie sich und geht trotzdem fort.

Mit 50 Jahren:
Sie schaut sich an und stellt fest: „Ich bin ich."
Und geht überall hin, wohin sie will.

Mit 60 Jahren:
Sie schaut sich an und denkt an all die Leute,
die sich nicht mehr im Spiegel anschauen können.
Sie geht aus und erobert die Welt.

Mit 70 Jahren:
Sie schaut sich an und sieht Weisheit, Lachen und all ihre Fähigkeiten.
Sie geht aus und freut sich des Lebens.

Mit 80 Jahren:
Sie kümmert sich nicht mehr um den Spiegel.
Sie setzt ihren knallroten Hut auf, geht aus und genießt das Leben.

Vielleicht sollten wir den knallroten Hut schon viel früher aufsetzen.

Wenn nicht jetzt, wann dann?

Der beste Tag ist heute!

Ich träume nicht mehr von der Liebe –
ich lebe sie!

Als ich das Manuskript zu diesem Buch fertiggestellt und es an meine Lektorin geschickt habe, ereignete sich ein Wunder in meinem Leben. Ich kann es nur als Wunder, als Magie bezeichnen. Ich fand meinen Traummann. Wie ich in diesem Buch bereits erwähnt habe, war mein sehnlichster Wunsch seit einem Jahr, wieder einen Freund und Partner an meiner Seite zu haben.
Ich malte mir genau aus, wie er sein, und welche Eigenschaften er haben sollte: Etwas größer als ich, sympathisch, klug, geistreich, aufmerksam, ein Gentleman, humorvoll, gut situiert, weltoffen und welterfahren, zärtlich, ungefähr in meinem Alter, vital und gesund, kulturell interessiert, ein guter Tänzer…

Du merkst schon, meine Ansprüche waren hoch. Aber genau so sollte mein Traummann nun mal sein!
Ich dachte am Morgen nach dem Aufwachen und am Abend vor dem Einschlafen an ihn und malte mir aus, was wir gemeinsam unternehmen würden. Ich wollte mit ihm gute Gespräche führen, gemeinsame Interessen hegen, lachen und scherzen, Opern hören, gemeinsam verreisen, miteinander kuscheln. In meiner Vorstellung ließ ich nichts aus.

Das war das WAS. Das war mein Herzenswunsch. Es heißt: „Du musst nur das WAS wissen, das WIE überlasse dem Universum, dem Leben."

Und plötzlich ging alles ganz schnell. Ich traf ihn. Ich hatte seine Telefonnummer von einer Partnervermittlung erhalten und er meine. Er rief mich an und wir vereinbarten ein Treffen. Er holte mich vom Bahnhof ab und wir verbrachten einen wundervollen Tag zusammen. Wir entdeckten so viele gemeinsame Interessen, wir hatten Spaß, wir hörten Opernmusik, der Tag verging wie im Flug.
Noch nie in meinem Leben hatte ich einen Mann getroffen, mit dem ich mich auf Anhieb so gut verstand, und der mich so beeindruckte. Als wir uns verabschiedeten, war mir klar, dass ich ihn unbedingt wiedersehen wollte.

Zwei Tage später besuchte ich eine Freundin. Ich hatte ein neues blaues Kleid an, das mir gut stand, und meine Freundin machte ein paar Fotos von mir.
Auf den Bildern sah ich eine schöne, strahlende Frau, deren Augen vor Glück funkelten.

Das war ich!

Das Foto zeigte mir, was ich mir damals selbst noch nicht eingestehen wollte. Ich hatte mich in meinen Traummann sofort verliebt.
Die nächsten Wochen waren wir räumlich voneinander getrennt und nur durch die sozialen Medien mehrmals täglich verbunden. Es war einfach unbeschreiblich, welch ungeheuer intensive Verbindung sich in kürzester Zeit zwischen uns entwickelte. Wir waren uns ganz nah. Ich glaubte oft, dass ich träumte.
Er schickte mir einen Link zu folgendem Lied aus der Oper „Arabella" von Richard Strauss:

*Aber der Richtige, wenn es einen gibt für mich auf dieser Welt,
wird einmal dastehen nah vor mir und wird mich anschauen und
ich ihn.
Und keine Zweifel wird es geben und keine Fragen.
Und selig, selig werd ich sein und gehorsam wie ein Kind!*

Der Richtige ist in mein Leben gekommen!
Ich habe meinem Traummann meine Liebe gestanden und er mir.
Er geht mir nicht mehr aus dem Sinn. Ich habe Herzerl in den Augen und Schmetterlinge im Bauch. Und das ist mit 77 Jahren genau so wunderschön wie mit 17.

Ich teile dir das mit, liebe/r Leser*in, weil dir meine Geschichte zeigen soll, was du mit Hilfe deiner Gedanken und Gefühle erschaffen kannst. Dinge, die du nie für möglich gehalten hättest!

Ich weiß aber auch, dass ich im letzten Jahr eine ganz andere Frau geworden bin. Eine Frau, die sich selbst bedingungslos liebt und annimmt, wie sie ist: Eine fesche, liebenswerte, liebevolle Frau, die sich selbst und das Leben liebt, die Lebensfreude ausstrahlt, die lebt und liebt und lacht.
Ich juble vor Glück. Das kannst du auch!

Alles Liebe,
Deine
Christa Saitz

Danksagung

Das ist mittlerweile mein fünftes Buch. Bei den ersten vier war ich auf mich allein gestellt. Doch diesmal habe ich ein wunderbares Team gesucht und auch gefunden, mit dessen Hilfe und Unterstützung dieses Buch entstanden ist.
Nun ist es Zeit, Danke zu sagen!
Ich danke zuerst meiner Familie, besonders meiner Schwiegertochter Angie, die immer an mich geglaubt und mich ermutigt hat, zu schreiben.
Danke an meine beste Freundin Susanne, die mich mit Rat und Tat unterstützt und motiviert hat und mir als meine Assistentin den Rücken freihält.
Danke an die tolle Community von Mag. Barbara Jascht, in der mich so viele als Vorbild bezeichnen. Ein wundervolles Kompliment, das ich mittlerweile annehmen kann.
Danke an Mag. Barbara Jascht selbst, in deren Seminaren und Online-Kursen ich so viel gelernt habe und die mir ein großes Vorbild ist.
Danke meinem Coach Jan Schleifer für die stets interessierte und effektive Art, mit der er mich unterstützt, anleitet und begleitet.
Danke an Mag. (FH) Viktoria Schretzmayer, die mir mit ihrem „High Frequency Programm" endgültig zum Durchbruch verholfen hat.
Danke an meine Buchmentorin Fitore Brahimi, die mich beim Schreiben in meine höchste schöpferische Kraft bringen konnte - manchmal mit Zuckerbrot, manchmal mit Peitsche.
Danke an meine wundervolle Lektorin Conny Sellner, die mich durch ihr tolles Feedback motiviert und sich meines Manuskriptes mit Herz und Seele angenommen hat, damit dieses Buch nun in Hochform erstrahlt.

Danke an die Künstlerin und Zauberfrau Daniela Binder, die das wunderschöne Cover meines Buches entworfen und optimal nach meinen Vorstellungen gestaltet hat.

Danke an Paulina Trautwein, die das Buch gesetzt und es damit erst verkaufs- und medientauglich gemacht hat.

Und das Wichtigste zu guter Letzt:

Danke an dich, liebe/r Leser*in, dass du wertschätzt, was ich schreibe und dir mitteilen will. Denn ohne dich wäre dieses Buch sinnlos. Danke! Danke! Danke!

Literaturverzeichnis

Saitz, Christa: "Leicht und Frei - Schlankwerden mit der Spiegelgesetzmethode", Ennsthaler Verlag, 2003
Saitz, Christa: „Leicht & frei II – das Praxisbuch", Ennsthaler Verlag, 2003
Saitz, Christa: "Deine Vorbilder spiegeln dich", Ennsthaler Verlag, 2008
Saitz, Christa: "Meine großen 5 - Was das Leben reich macht", 2016
Nollau, Nadja: „Go – Endlich neue Wege gehen", Knaur, 2007
Trixner, Annemarie: „Sei glücklich – Du schaffst es!", F.A. Herbig Verlagsbuchhandlung, 2003
Tepperwein, Kurt: „Die Geistigen Gesetze", Goldmann Arkana, 1992
Katie, Byron: „Lieben, was ist", Penguin Random House Verlgasgruppe GmbH, 2002
Hay, Louise: „Spiegelarbeit. Heile dein Leben in 21 Tagen", Heyne Verlag, 2018
Kössner, Christa: „Die Spiegelgesetz-Methode", Ennsthaler Verlag, 2001
Kübler-Ross, Elisabeth/Kessler, David: „Geborgen im Leben – Wege zu einem erfüllten Dasein", Verlag Herder GmbH, 2012
Schucman, Helen: „Ein Kurs in Wundern", Greuthof Verlag, 1995
Betz, Robert: „Willst du normal oder glücklich sein?", Heyne Verlag, 2011
Osho: „Freude – das Glück kommt von innen", Ullstein Verlag,
Covey, Stephen: „7 Wege zur Effektivität", Gabal, 1989
Hay, Louise; „Finde deine Lebenskraft", Verlag Allegria, 2010
Coelho, Paolo: „Der Alchimist", Verlag Peter Erd, 1991
Schretzmayer, Viktoria: „Power your life planer", 2021
Senftleben, Ralf: Der „Zeit-zu-leben"-Coach, Internetkurs 2010
Jascht, Barbara: Seminar Mindset Intensive Week, Mai 2021